平凡社新書
851

一遍　捨聖《すてひじり》の思想

桜井哲夫
SAKURAI TETSUO

HEIBONSHA

一遍　捨聖の思想●目次

はじめに

「仏教」という言葉は、中世では単に「仏の教え」の意味であって、「仏法」という広く使われた言葉の枠内にあった。この流れは、明治時代になってもほぼ変わらず、大槻《おおつき》文彦の編纂した辞書『言海《げんかい》』（一八八二）のなかでも踏襲されている。「仏教」は「ホトケノオシエ。仏法」とのみ書かれ、「仏法」は「ホトケノノリ。仏ノ教へ。仏道。仏教」と広い意味を持つ言葉として説明されている。

したがって、近代日本最初の日本仏教史と呼ばれるものは、田島象二《しょうじ》（一八五二－一九〇九）の『日本仏法史』（一八八四）というタイトルをもった書物である。現在使われる意味での仏教という用語が、英語の Buddhism の訳語として、キリスト教との対比で定着するのは、一八八〇年代以降のことらしい。

その後いくつか日本仏教史というタイトルをもった書物も出るが、本当の意味で重要な仕事としては、東京帝国大学印度哲学科の初代教授となった村上専精《せんしょう》（一八五一－一九二九）

の『日本仏教史綱』（上下、一八九八―九九）があげられる。この本のなかではじめて、各宗派の成立・教義と各宗の高僧を語るスタイル（仏教各宗の事実と中心人物の記述）が確立する。そして、バラバラに各宗が「綱要」を語っていたスタイルは没落してゆくことになる。それまで宗派をしばっていた狭い「宗門」意識から離れ、日本仏教史のなかに宗派を位置づけようとする動きが生まれていく。

そのうえで村上にとって、日本仏教の最高形態は、鎌倉時代の仏教に見出されるものであった（「……兎に角、聖徳太子、伝教大師の精神の存する所を取って断然之れを実現したのは、親鸞上人である」（一九一〇年））。日本仏教史は、こうして聖徳太子から親鸞まで貫かれる連続したものとして語られはじめた。さらに、鎌倉新仏教を仏教史の頂点とする議論の出発点とされる、原勝郎の「東西の宗教改革」（一九一一）を経て、徐々に教科書的な日本仏教史のパターン（鎌倉新仏教中心史観）が作られていった（オリオン・クラウタウ二〇一二、二〇一四）。

要するに、明治初期の廃仏毀釈《はいぶつきしやく》によって崩壊しかかっていた日本仏教を立て直すべく、「民衆仏教」としての鎌倉新仏教の「近代性の先取り」が注目を浴びたのである。第二次大戦後もまた、戦前の軍国主義体制を払拭すべく、「封建遺制」の克服として、鎌倉新仏教、なかんずく親鸞思想の近代性が評価されたのであった。

ところが、佐藤弘夫《ひろお》は、『鎌倉仏教』（一九九四）のちくま学芸文庫版（二〇一四）に増補された「鎌倉仏教論を読み直す」のなかで、今や鎌倉仏教研究は、没落の一途をたどっていると述べた。相対的に研究の数が減っただけではなく、日本仏教研究にインパクトを与えるような論考は姿を消してしまった。鎌倉仏教研究は、かつての学界のアイドル的地位を失い、中心の座を近代仏教研究に渡してしまったと指摘している。

佐藤は、その原因の一つとして、一九六〇年代から七〇年代にかけて経済成長神話の終焉に伴って出現した「進歩」や「近代化」への批判をあげる。

さらに、研究者のなかで密教やら神仏習合が関心を集めるなかで、黒田俊雄の「顕密体制論」（一九七五年）が出て、鎌倉期にも「顕密仏教（正統仏教）」の力が圧倒的であって、鎌倉新仏教は「異端の少数派」だったとされたことが大きかった。求められはじめたのは、鎌倉仏教の「論理性」ではなく、「非合理」やら「情念」の世界だった。そのころ進歩史観との訣別を意図した網野善彦の「無縁」論が登場する。

このように過去の研究史を整理したうえで、佐藤は、近代化のコンテクストのなかで鎌倉仏教を論ずるのではなく、「神秘主義の時代としての中世」の宗教性をあらためて論ずべきではないか、と論じた。

とはいえ、佐藤の『鎌倉仏教』（ちくま学芸文庫版）のなかでは、一遍は、「証空の孫弟子」として、わずか五行程度紹介されているだけである。そして、「同じ浄土信仰の系譜に属しながらも、一遍の思想は法然のそれとはまったく対照的なものに変化してしまっている」と断定されている。

佐藤だけではない。末木《すえき》文《ふ》美《み》士《ひこ》も著名な鎌倉仏教研究者であるが、彼の一般向け著作のデビュー作として知られる『日本仏教史』（一九九二）でも「一遍」を扱っているのは、わずか一頁にすぎない。

最近でも蓑輪《みのわ》顕量《けんりょう》の『日本仏教史』（二〇一五）では、一遍は、一向俊聖《いっこうしゅんしょう》と一緒に二頁程度紹介されている。そこでは、法燈国師《ほうとうこくし》覚心《かくしん》への参禅説で引かれている「唱うれば　我も仏もなかりけり　南無阿弥陀仏　南無阿弥陀仏」（正しくは「となふれば仏もわれもなかりけり南無阿弥陀仏なむあみだ仏」）が、一遍の和歌として紹介されている。むろん本書（第四章参照）で述べるように、一遍の和歌ではない。参禅説も後世に作られた偽りの逸話であることが確定している。

梯《かけはし》信暁《のぶあき》の『浄土教思想史』（二〇一二）では、一遍は、浄土宗西山派の証空《しょうくう》を論じた末尾に、証空の弟子にあたる聖達《しょうだつ》の弟子として紹介されているにすぎない。そこでも「一遍の思想的特徴は、西山義を承《う》けて衆生と阿弥陀仏とを一体と見るところにある」とする。西山義と一遍については、本書でも取り上げるが、私からみれば、この記述は正しいとは言えない。

前著（『一遍と時衆の謎』）で、明治以来の正統派を称する日本仏教史研究における一遍と時衆に対する冷遇について記したが、現在でもさほど改善されてはいないように思える。

最近驚いたのは、鈴木大拙《だいせつ》（一八七〇―一九六六）の『浄土系思想論』（原著一九四二／岩波文庫二〇一六）のなかの「他力の信心について」を読んでいたときのことである。親鸞の『教行信証』を論じていたはずなのに、突然以下のような記述が出てくる。

「大悲の故に、真如一実が動いた、本願力となった。それが今度は名号を媒介として大信心となって、もとの真如一実に還る。これが、

称ふれば仏もわれもなかりけり
　南無阿弥陀仏、南無阿弥陀仏。

である」。

むろん藤原正校注の『一遍上人語録』（一九三四）から引かれたものであるはずなのだが、一切引用の出典もなく、一遍の名も出てこない。そもそも親鸞を論じていて、突如『語録』からの引用が出てくること自体が理解できない。だが、鈴木にとって、一遍については、その程度の認識だったのだろう。

というところで、本書は、仏教のなかで「浄土教」という教えがどのように形成されて

きたのか、インド、中国、日本へとつながる系譜をたどりながら、その流れのなかで「一遍と時衆」の思想を再考しようという試みである。大学教員をしながら、時宗寺院の住職となって十五年。いくつもの仏教史の通史を読みながら、昔ながらの各宗派の教義と宗祖の生涯の解説ばかりで、不幸なことに、一貫した思想の流れとして書かれた仏教史に出会わなかった。不満がたまったところで、自分が読みたいと思う通史を書きたいと思った。

「中国の善導《ぜんどう》から日本の法然へ」という、よく語られる構図ではなく、話はインドから始まるので面食らう読者もおられるだろう。最初のやや専門的なところを少しがまんして通読していただければ、私の意図を理解していただけるだろうと思う。中国で異端とされた浄土教が、どのように日本で発展したのか。日本仏教における「阿弥陀仏信仰」や「聖《ひじり》」の系譜を丹念にたどることで、一遍に至る日本の浄土門仏教の姿を明らかにしたいと思う。

第一章

浄土教のルーツを求めて

法隆寺五重塔

浄土教の歴史

仏教史のなかで、浄土教の歴史は、どこまでさかのぼれるのだろうか。藤田宏達《こうたつ》は、次のように述べる。

「これらの検討の結果を対比してまとめてみると、われわれは、結論として、つぎのごとく言うことができるであろう。――〈無量寿経《むりょうじゅきょう》〉と〈阿弥陀経《あみだきょう》〉の原初形態によって示される浄土思想は、ほぼ時を同じくして、西紀一〇〇年ころ成立したものであり、その地域はクシャーナ王朝の版図内、恐らくは北西インドにおいてであろう、と」（藤田宏達一九七〇）。

「最初期の浄土思想を、われわれは「原始浄土思想」と名づけているが、それはインドにおいて浄土思想が勃興して、〈無量寿経〉と〈阿弥陀経〉の原初形態が成立・編纂されるに至った時代までの思想をさしている。年代と地域の上からいえば、およそ西紀一〇〇年ころ、クシャーナ王朝の版図内の北西インドにおいて成立したと想定される浄土思想である」（藤田宏達二〇〇七）。

藤田は、阿弥陀仏、本願、信、念仏、浄土、往生などの概念を含んだ『無量寿経』と『阿弥陀経』の原型となる経典の出現によって「原始浄土思想」が確立された、とした。

さらにこの鍵となる概念を載せた経典は、何度か漢語訳され、曇鸞《どんらん》（四七六―五四二）、道綽《どうしゃく》（五六二―六四五）、善導《ぜんどう》（六一三―六八一）らによる実践行を伴う解釈活動を生み出した。五世紀の鳩摩羅什《くまらじゅう》＊による「浄土」の訳語の創成とさまざまな文脈への適応が、「浄土」の概念を東アジア仏教世界に定着させた。そして十二〜十三世紀の日本の法然によって継承され、明瞭な思想的輪郭を完成させたのだ、と論じた。

むろん、下田正弘（二〇一三）が指摘するように、藤田の主張への異論も多い。下田の整理にしたがってまとめてみる。

① 東アジアのテキスト体系化を前提として古代インドという異世界を再構成しようとしており、時代錯誤的な立場だ。言語や地域の違いを無視して、時代をさかのぼって特定宗派の教義に基づいて仏教思想を構成するのは、客観的、批判的である仏教学がとるべき方法ではない。

② 浄土思想の諸概念は、浄土三部経（『無量寿経』『観無量寿経』『阿弥陀経』）以外の経典（『維摩経《ゆいまぎょう》』『悲華経《ひけきょう》』など）にも多数出現している。

③ 浄土思想は、東アジアに限定されず、チベットにおいても密教の進展に伴い、独自の展開を遂げている。

下田は、浄土思想は、後代になって東アジアで展開された思想であること、そのため古代から何らかの学派的意識を伴い、体系的な言説が整理されてきた中観《ちゆうかん》思想**や唯識《ゆいしき》思想***とは同列には扱えないこと、を指摘する。

にもかかわらず、と下田は述べる。

藤田宏達の仕事は、これまで中国及び日本仏教の枠内で議論されてきた「浄土思想」について、「原始浄土思想」という概念を想定したことで、近代仏教学の領域のなかに置くことに成功したのだ、と。さらに今世紀に入ってから、グレゴリー・ショペンは、インド仏教では、ある時期からスカーヴァティー＝「阿弥陀仏の極楽浄土」が、理想の仏国土《ぶつこくど》として広く共有されはじめていたことを明らかにしている。

とりあえずここでは、専門的な議論を離れて、藤田の業績から、浄土思想の基本的概念の成立についてのみ触れておきたい。

* クマラジーヴァ。父がインド、母が亀茲《きじ》（新疆《しんきよう》ウイグル地域）出身の学僧で、四〇一年に長安に入って経典の漢訳、弟子の育成などに活躍した。三四四—四一三年、異説三五〇—四〇九年。

** 龍樹《りゆうじゆ》の『中論《ちゆうろん》』の縁起《えんぎ》説。すべてのものは、他のものとのつながり（縁起）によって生ずるという立場。

*** 無著《むじやく》、世《せ》親《しん》によって体系化された思想。あらゆる存在は〈識〉、すなわち〈心〉にすぎないとする立場。ヨーガの実践を通じて自己の心のあり方を変革し、悟りに達しようとする。

「阿弥陀仏」の原語と起源

「阿弥陀仏」は、サンスクリット語で「アミターユス（無量〈限〉の寿命をもつもの）」と「アミターバ（無量〈限〉の光明をもつもの）」の二つの仏名で表現される。『無量寿経』では全体を通じて「アミターバ」を用いているのに対して、『阿弥陀経』では「アミターユス」を主として用いている。漢訳の「阿弥陀《アミダ》」の原語としては、この二つ以外にはないのだが、それではなぜ、「アミターユス」と「アミターバ」が「阿弥陀」になったのだろうか。

古い訳の経典の「阿弥陀」は、サンスクリット語を俗語風に発音するので、そのとき「アミター」が「アミダ」になり、「ユス」と「バ」は、最後の母音または音節が脱落した形を写しとったのではないだろうか。

さらにその俗語がガンダーラ語であって、「アミターユス」と「アミターバ」をガンダーラ語で表現したとすれば、特異な綴り字法のために「ユス」と「バ」が同一の語として読まれる形になったのではないだろうか。

「阿弥陀仏」の起源については、従来以下の説があった。

①　外来起源説

西方イラン（ペルシア）のゾロアスター教起源を主張する説。

・アミターバが、ゾロアスター教の太陽神崇拝ないしミスラ神信仰のなかの光明崇拝の影響を受けて成立したとする。
・アミターユスが、ゾロアスター教のズルヴァン・アカラナ（無限の時間）説の影響によって成立したとする。

②インド内部起源説
・ヴェーダ神話起源説。
・仏教内部で成立した神話に起源を求める説。

藤田は、これらの諸説とは異なって、原始仏教から展開された仏陀観のなかに「阿弥陀仏」の起源を探ろうとする。以下、藤田の議論を整理してみた。

1　「アミターユス」は、叙事詩『マハーバーラタ』などでも使われている言葉であり、仏の寿命の無量（無限）を説くことは古くから原始経典のなかに求められる。釈迦の寿命の永遠性に対する指摘などもあり、仏身の永遠性という観点は、原始経典にもある。そこから「アミターユス」という概念が成立したのではないか。

2　「アミターバ」という表現そのものは、ヒンドゥー教聖典などのなかにもあるが、阿弥陀仏とつながりのある形で用いられたものはない。だが、「仏」と「光明」の結びつきという視点からは、原始経典のなかに多くの教説を見出せる。

「極楽浄土」の観念

「浄土」という漢語を作り、中国で術語として定着させたのは、鳩摩羅什である。だが、それはあくまでも「諸仏の浄土」であって、阿弥陀仏の極楽を指していたわけでもない。「浄土」とは、「土を浄《きよ》む」であり、初期大乗仏教の「仏国土《ぶつこくど》を浄める」ということ、一般に「浄仏国土」と呼ばれる思想に由来すると考えられる。菩薩たちが、未来に仏となり、出現すべき国土を清浄化（人々を解脱《げだつ》・涅槃《ねはん》の道に入らせ、仏道を完成させること）し、それによって実現した世界が「きよらかな土」、つまり「浄土」である。

しかしその後に、詩人の謝霊運《しゃれいうん》（三八五―四三三）が極楽を指して「浄土」と呼んだ。そして曇鸞以後、次第にこの用法が普通に用いられて、唐代になると、「浄土教」という表現が生まれた。

一方、阿弥陀仏の本願が成就して実現した世界を「極楽浄土」というが、この言葉は古い時代にはあまり使われていない。曇鸞、道綽、善導の著書にも見当たらず、唐代以降の文献のいくつかにわずかに用いられている程度にすぎない。

「極楽」は、サンスクリット語でスカーヴァティーと言う。「楽のあるところ」という意味であり、鳩摩羅什が、これを「極楽」と訳したのである（漢訳『阿弥陀経』）。漢語では、

「極楽」は「極まれる楽しみ」とか「楽しみを極める」という意味で用いられていた。

スカーヴァティーには、「安楽」や「安養」という訳語もあるが、「安養」は使われなくなって、「極楽」と「安楽」とが使われるようになった。浄土教では、「極楽」が定着した。

『無量寿経』『阿弥陀経』などにおける「極楽」の描写で共通する部分だけを抜き出してみよう。

① 極楽は、ここを去ること十万億の刹《せつ》（国土）のかなた、西方にある。

② 地獄・餓鬼・畜生等が存在しない。四季がない。

③ 国土は七宝《しちほう》（金・銀・瑠璃《るり》・玻璃《はり》・硨磲《しゃこ》・珊瑚《さんご》・瑪瑙《めのう》の七種類の宝玉）で出来ている（または、黄金で出来ている）。

④ 七宝の樹木で飾られ、すぐれた音楽（天の音楽）が鳴り響き、宝樹が風に吹かれて心地よい音を出す。一本の巨大な菩提樹がある。

⑤ 山はなく、海もないが、池（水浴の池、蓮池、宝池）がある。

では、この「極楽」の起源について、どのような議論が行われてきたのだろうか。

藤田は、外来起源説（ゾロアスター教の太陽神説、エデンの園説、エジプトのアメンテ（西方）ないしギリシア神話の楽園「エーリシュオン」説、イランのサザン朝の遺跡ターク・イ・ブスターン（楽園のアーチ）説）を紹介して、いずれも説得的な論拠がないことを指摘する。

さらに「インド内部起源説」や「仏教内部起源説」などを検討して藤田は、以下の四つの類型に分類している。

①　転輪聖王《てんりんじょうおう》（転輪王《てんりんおう》。正義をもって世界を治める理想の王）神話に語られている王城がモデル。

②　北クル洲（古代インドで説かれる理想国）神話説。

③　天界神話説。特に『カウシータキ・ウパニシャッド』に説かれている「梵天《ぼんてん》（古代インドの最高神。仏典でも帝釈天《たいしゃくてん》と並び諸天の長）の世界」など。

④　仏塔起源説。インド古来の霊場の姿の投影説（中村元）や壮麗な仏塔をモデルとして拡大・誇張したという説（平川彰）がある。

いずれにせよ、どれも確定的ではないが、この「極楽」が「浄土」と呼ばれるようになった。極楽世界の描写は、浄仏国土（浄められた国土）を具体的に表現したものである。だがしかし、原始仏教や部派仏教では、仏国土とは、現在仏としての釈尊（仏陀）の国土のことであって、むろん、この国土を浄めるという考え方はなかった。これに対して大乗仏教では、「菩薩たちが仏国土を浄める」という語句にあらわれるように、浄められた仏国土が「他方世界」として存在すると説いたのである。

さて、「他方世界」と言えば、キリスト教では「天国」という概念がある。宗教的規範が希薄になった現在の日本では、マス・メディアや一般の人々、知識人ですら普通に「死後の世界」として「天国」というキリスト教起源の概念を用いるようになってしまった。だが、それがどのような場所を指しているのかをほぼ知らない。

美術的に描かれるキリスト教の天国は、古代末期やユダヤ教伝来の光景であり、木々が繁って、果実が豊かに実り、鳥や動物たちがやすらいでいる。旧約聖書では、天国は天上の堅固な建物と考えられている。頂点には神が天使の軍勢に囲まれて玉座に鎮座して人々を見下ろし、そこから地上の出来事を支配する。そして神に従う人々が永遠に幸福に生きる場所だとされている（『岩波キリスト教辞典』）。

さらにヨハネの「黙示録《もくしろく》」によると、緑玉エメラルドの虹かと思うばかりの輝きを放つ神の玉座のまわりには白装束と黄金の冠で身を固めた二十四人の長老が座っていることになっている。神の都市は、一辺が千五百マイルにも及ぶ立方体の巨大な空間に似ている。

中世に至ると、かぐわしい香りの漂う庭園の田舎風のイメージがひろがっていたが、中世都市の増大に伴って、都市の修道僧たちは都会的な天国観をひろめるようになった。聖なる都市は、門や壁や街路がある壮大華麗な世界となった。もっとも、その後も田園風景と都市風景とは、双方ともに天国のイメージとしてあらわれるようになるのだ。

だが、十七世紀から十八世紀にかけての宗教改革後のヨーロッパ世界では、プロテスタントを中心として「神」中心の天国観が語られるようになって、豊穣な楽園や都市のイメージは姿を消してゆくのである。俗世の華麗さとは一切の縁を切った「神」中心の世界が、「天国」のイメージを形作ることになる（マクダネル＆ラング一九九三）。

イスラーム教では、「楽園」という概念がある。「クルアーン（コーラン）」では、「その下を川が流れる楽園」と描写され、香りのよい泉があり、水の川、乳の川、美酒の川、蜜の川がある。住人は黄金の腕輪をつけ、絹の緑衣を着て、果実や飲み物を自由にとると描写されている（『岩波イスラーム辞典』）。

中国における浄土教の誕生

さて、藤田宏達は、『無量寿経』（一世紀ころ西北インドで成立）、『阿弥陀経』（一世紀ころ西北インドで成立）、『観無量寿経』（四～五世紀に成立）のいわゆる『浄土三部経』のうち、『無量寿経』と『阿弥陀経』の原初形態によって「原始浄土思想」は成立したとする。インドから中央アジア・チベットへ伝えられ、さらに中国・朝鮮・日本へと流伝した。

中国における浄土思想の伝来は、二世紀後半の後漢の時代、月支《げっし》（月氏とも。中国西部から中央アジアにかけて居住の遊牧民族）出身の支婁迦讖《しるかせん》によって訳出された『般舟三昧経《ばんじゅうざんまいきょう》』や呉の支謙《しけん》（二世紀末～三世紀中頃）訳（支婁迦讖説もある）の『大阿弥陀経』（初期無量寿経）、帛延《はくえん》（白延）訳の『平等覚経』（初期無量寿経）などの訳経から始まる。もとより、浄土思想がすぐに受け入れられたわけではない。東晋《とうしん》（三一七―四二〇）代に廬山《ろざん》（江西省九江）で慧遠《えおん》（三三四―四一六、仏図澄《ぶっとちょう》の弟子の道安《どうあん》の『般若経』講義を聴いて出家）が、劉遺民《りゅういみん》（三五四―四一〇）ら同志百二十三人と元興《げんこう》元年（四〇二）、念仏結社（白蓮社《びゃくれんじゃ》と呼ばれる）を結成したことから出発するのである。

ただし、慧遠の念仏三昧（三昧とは、思いをただ一つにして想を寂《しず》めることであり、禅定《ぜんじょう》三昧を得るための方法）は、『般舟三昧経』によるものであり、『浄土三部経』とは関わりがなかった。また慧遠没後、結社は崩壊している。

なお、中国での『無量寿経』の漢訳については諸説あるが、藤田は諸説を検討したうえで、多くの中国仏教史家が認める東晋末の仏駄《ブッダ》跋陀《バッダ》羅《ラ》（三五九―四二九）と宋の宝雲《ほううん》（三七六―四四九）による四二一年の共訳説をとっている。

『阿弥陀経』は、四〇二年（弘始四年）ころ鳩摩羅什による訳出が最初である。唐の玄《げん》奘《じょう》（六〇二―六六四、インドに入り、多くの仏典を中国にもたらす）による漢訳は、六五〇年に訳出したもので「称讃浄土仏摂受経」と題されている。

最後に、『観無量寿経』は、従来から中国編纂説と中央アジア編纂説という二つの説があった。インド成立説が疑われているのは、主としてサンスクリット本やチベット訳が存在しないためである。中央アジアでの編纂説（漢訳者が中央アジアに関係が深いこと、叙述にガンダーラ美術の影響があること等）、中国での編纂説（種々の漢訳経典の説や用語を利用していること、『観仏三昧海経《かんぶつざんまいかいきょう》』や『般舟三昧経』の影響を受けていること）をまとめながら、藤田はどちらとも決めがたく、以下のような折衷《せっちゅう》説を提示している。

すなわち、漢文として書かれたものであるとしても、中央アジア圏の仏教文化の影響があることを考慮すべきである。ゆえに、中央アジアで西域人の畺良耶舎《きょうりょうやしゃ》（三八三―四四二?）が伝訳して中国に口誦《こうしょう》でもたらし、それを四三〇～四四二年の間に中国人の僧含《そうがん》が筆写したものではないか、と推測できる。

さて、日本では、中国浄土教については、法然の『選択《せんちゃく》本願念仏集』による三つの流れが有名である。藤田の整理を借りると、以下のように分かれる。

① 廬山慧遠の創始した念仏結社の流れ（廬山流または慧遠流）。
② 曇鸞に始まり、道綽を経て善導によって大成した流れ（日本浄土教の源流。善導流）。
③ 慈愍三蔵慧日《じみんさんぞうえにち》（六八〇―七四八）が提唱した禅、浄土、戒律をあわせた流れ。後代の諸宗融合思想に影響を与えた（慈愍流）。

中国仏教の文献ではこのような分け方は存在しないようで、法然独自の分類だとみられる。少し法然の言葉を引いておこう。

「しかるに今言ふところの浄土宗に師資《しし》相承《そうじょう》の血脈《けちみゃく》の譜《ふ》ありや。答へて曰く、聖道家《しょうどうけ》の血脈の如く、浄土宗にまた血脈あり。ただし、浄土一宗において、諸家また不同なり。いはゆる廬山の慧遠法師《ほっし》、慈愍三蔵、道綽・善導等これなり」(『選択本願念仏集』)。

日本浄土教の源流「善導流」

それでは、法然の言う「善導流」をたどってみることにしよう。まず、慧遠より六十年後の北魏《ほくぎ》(三八六―五三四)の時代になって、曇鸞《どんらん》があらわれた。曇鸞は、北魏の洛陽で菩《ぼ》提流支《だいるし》(?―五二七、北インド出身の僧。大乗経論三十部余りを訳した)に出会い、『観無量寿経』を与えられたと言われる。しかし、藤堂恭俊《きょうしゅん》は、北魏時代に『観無量寿経』の書写の記録はないので、おそらく菩提流支とは間接的な関係であっただろうとしている(藤堂・牧田一九九五)。

曇鸞にとって思想上の祖師とも言うべき存在は、龍樹《りゅうじゅ》(一五〇―二五〇頃、ナーガルジュナ、中観派の祖)である。菩提流支とは、彼が訳した世親《せしん》(四〇〇頃―四八〇頃、ヴァスバンドゥ、天親《てんじん》。唯識派の三大論師の一人)の『往生論(無量寿経優婆提舎願生偈《うばだいしゃがんしょうげ》)』を通じての関係だろうと思われる。この『往生論』こそが、曇鸞にとって指導の書なのである。ここから彼は、『無量寿経優婆提舎願生偈註』(略して『往生論註』、『浄土論註』あるいは『論註』)を書いた。

曇鸞は、『往生論註』のなかで、浄土は阿弥陀仏の清浄本願に基づく世界なるがゆえに、往生を得たすべての人は清浄の身（法身《ほっしん》）となると論じた。難行道《なんぎょうどう》（心をしずめ（止）、正しい智恵に基づき観る（観）という高度な実践）によらず、凡夫《ぼんぶ》（ふつうの人）が実際に行うことができる祈りの行（願行《がんぎょう》、易行道《いぎょうどう》）の道を開いたのである。

次に、曇鸞の後を継いだとされる道綽《どうしゃく》は、伝記的資料が少なく研究も多くはない。著作としては『安楽集』（中国では散逸したままだったが、楊仁山《ようじんざん》が南条文雄《ぶんゆう》の協力を得て浄土論関係の書物とともに中国にもたらし、一八九七年に出版された）が知られているのみである。

牧田諦亮《たいりょう》は、道綽の育った環境（故郷を支配していた北斉を滅亡させ、仏教弾圧（廃仏）を実行した北周（五五六―五八一）の存在）から育まれた末法《まっぽう》（仏教衰退の時代到来）思想の影響について論じている（藤堂・牧田一九九五）。

道綽は、五濁悪世《ごじょくあくせ》（劫濁《こうじょく》（天変地変）、見濁《けんじょく》（悪い思想に染まる）、命濁《みょうじょく》（寿命が短くなる）、煩《ぼん》悩濁《のうじょく》（欲望に染まる）、衆生濁《しゅじょうじょく》（人々の苦しみが多くなる）がはびこる悪い世）の時代に、脱出救済の道として「浄土往生」を説いた。自分たち衆生の存在を、欲望に弱く、時流に流されやすい「凡夫」としてとらえ、だからこそ浄土の教えによって苦しみや罪から逃れることができると説いたのである。

曇鸞にも念仏の重視はあったが、道綽はさらに阿弥陀仏の名号を称える行（称名行《しょうみょうぎょう》）を懺悔《さんげ》（犯した罪を認めて悔いる）と結びつけた。牧田諦亮は、この懺悔は、中国仏教史上の懺悔滅罪（礼懺《らいさん》）の儀礼とつながっていることを指摘している。

斉藤隆信（二〇一〇）は、道綽の民衆布教の方法について、念仏往生の論理を民間習俗のごとき作法で行っていた（「おまじない」のごとく念仏を称える）ことを指摘する。また念仏する数を数える（数量念仏）ために身の回りにある小さな豆粒などを用いるように勧めていたという。

異端としての善導

善導《ぜんどう》は、日本では、中国浄土教の大成者として語られている。

浄土宗では、法然が浄土宗相承《そうじょう》（教えや悟りの内容を師から弟子へと受け継ぐこと）の祖師と定めた「浄土五祖」として「曇鸞・道綽・善導・懐感《えかん》・少康《しょうこう》」があげられる。懐感（生没年不詳、著書に『釈浄土群疑論』）は、善導の弟子であり、少康（?―八〇五）は、七八五年ころ、浄土教に帰信した僧で、「後善導《ごぜんどう》」と呼ばれた。後に文諗《もんしん》とともに『往生西方《さいほう》浄土瑞応刪伝《ずいおうさんでん》』を著している。

さらに浄土真宗では、親鸞による真宗相承の「七高僧」として「龍樹・天親・曇鸞・道綽・善導・源信・源空」があげられる。「七高僧」のなかの龍樹、天親（世親）については、すでに説明したとおりだが、源信（九四二―一〇一七）は、平安中期の天台僧で『往生要集』の著者であり、源空は、法然坊源空すなわち法然を指す。

時宗では、一遍は、相承については一切書き残していない。だが弟子によって残された法語を見ると、善導と空也《くうや》（九〇三―九七二、念仏聖）の影響が大きいことがわかる（後の時宗教学では、釈尊から始まりインド・中国・日本の高僧へと伝承された三国相承、熊野権現、大隅八幡などの勅命を受けた神勅《しんちょく》相承、教団秩序維持のために導入された円頓戒《えんどんかい》相承の三つの相承がある）。

このように、日本の浄土教史のなかでは、善導の存在は極めて大きく、『正倉院文書』のなかに、その名前を見出せる。日本に善導の著述を伝えたのは、唐で修行してから天平七年（七三五）に多くの経典類をたずさえて帰国した玄昉《げんぼう》（？―七四六）からと言われる。また天平十五年（七四三）以前に主著の『観経疏《かんぎょうしょ》（観無量寿経疏）』も日本に渡来していたことがわかる。

ところが、中国仏教史では、それほどの位置づけをされてはいないのである。善導の『観経疏』は、中国においてはそれほど読まれた形跡はなく、唐代の仏書でこの著作を引用したものはないとされる（牧田諦亮二〇〇〇）。

伝記をひもとくと、善導は、僧堂にこもって著述をしていた学僧ではなく、唱導する僧であり、説教師であった。破損した塔や寺の修理を行い、『阿弥陀経』十万巻の書写を行って、それをもとに喜捨《きしゃ》を求めた。さらに説法や浄土変相図《へんそうず》を作成して謝礼を得て、それをさらに布教活動のもとにしていた。声に魅力があり、話に説得力がなければ多くの聴衆を得られないし、喜捨も集まらない。

斉藤隆信（二〇一〇）は、善導の『観経疏』が、『観無量寿経』の注釈書でありながら、儀礼の書としての性格が顕著だとする。難解な仏教用語に必要以上の解説を加えず、口語表現を多用した。譬《たと》え話が長く、讃偈《さんげ》（仏・菩薩をほめたたえる詩文や句）が多い。つまり、読者というよりも、聴く者を想定した叙述であった。同時代の学僧の著作のなかにこのような民衆性を想起させるものはない。善導の讃偈は、単なる宗教的作品というだけではなく、文学的な要素を盛り込んだ作品（仏教的歌謡）ともなっていたのである。

善導の主張の中心は、言うまでもなく、凡夫が阿弥陀仏の浄土に生まれることができる、という点である。ひとは皆凡夫であり、その凡夫もまた、口で称える（口称《くしょう》）念仏で弥陀の浄土に往生できるという教え（凡夫入報）は、「凡夫は報土に入れない」とする中国の摂《しょう》論宗《ろんしゅう》や地論宗《じろんしゅう》では全く認められないものであった。

善導は、凡夫が往生するための修行として、正行《しょうぎょう》と雑行《ぞうぎょう》を分ける。まず正行とは、一心に三部経を読んで称える（読誦《どくじゅ》正行）、専念して浄土のありさまを観察する（観察正行）、もっぱらその仏を礼拝《らいはい》する（礼拝正行）、もっぱらその仏の名のみ称える（称名正行）、もっぱら仏を讃歎《さんだん》し供養する（讃歎正行）という五種類の正行である。このなかでも「称名正行」を「正定行《しょうじょうぎょう》」としてもっとも重要視した。さらに、至誠心《しじょうしん》（仏を信ずる心）、深心《じんしん》（疑いなき心）、廻向発願心《えこうほつがんしん》（往生を願う心）の「三心《さんじん》」を凡夫往生の生因《しょういん》だとしたのである。

ともあれ、藤田宏達（二〇〇七）が整理している善導の三つの基本的立場は、以下にまとめられる。

① 凡夫（一般の凡俗な人々）がすべて阿弥陀仏の浄土（報土）に往生できる。
② 凡夫往生が可能なのは、『無量寿経』に説かれる阿弥陀仏の本願（大願業力）による。
③ 浄土往生の実践として称名念仏を正しく定められた行業（正定業）とすること。

このような立場は、それまでの解釈と大きく異なっている。たとえば、廬山の慧遠の念仏は、般舟三昧《ばんじゅうざんまい》（心をしずめて統一し、仏国土の仏が面前にたちあらわれる）系で、一心を統一して念仏する観想念仏であり、来世往生とは結びつけられていなかった。

そして、このような念仏が中国では主流だった。称名は、あくまでも心をしずめて統一するための方便なのである。天台智顗《ちぎ》（五三八－五九七、天台教学を樹立した天台宗の開祖）の『摩訶止観《まかしかん》』では、四種三昧《ししゅざんまい》が説かれている（常坐《じょうざ》三昧・常行三昧・半行半坐三昧・非行非坐三昧）。そのうちの常行三昧《じょうぎょうざんまい》（仏立《ぶつりゅう》三昧）は、九十日間ひたすら阿弥陀仏を念じ続け、阿弥陀仏にお目にかかることをめざすというものだった。

末木文美士《ふみひこ》（二〇一三a）は、それまで中国仏教では、阿弥陀仏や浄土を外在的なものとせず、心のなかにあるものと考える（理観的）ことが普通だったことを指摘する。にもかかわらず、善導は、それを外側の世界に実在するものと捉えた点で異端であった。末木は、さらに田村芳朗（一九七七）の三種の浄土（「在る浄土」「成る浄土」「往《ゆ》く浄土」）概念を利用しつつ、天台の四土説《しどせつ》（智顗）を紹介して中国仏教の浄土観をまとめている。簡単に整理してみよう。

仏土は実在のものではなく、修行者の境地の進展に従って感じられるものだから、境地によって異なってくる。凡夫と聖者が同居する浄土（凡聖同居土《ぼんしょうどうごど》）では、穢土《えど》（汚れた現世）と極楽のような浄土がある。方便有余土《ほうべんうよど》は、二乗《にじょう》（現世に対する執着を断った聖者であるが、現実逃避的、自己中心的な存在）や三賢《さんげん》（空の理法を会得し（十住）、他人を助ける（利他）行いをし（十行）、修行で得たものを人のために役立てる（十廻向）段階に達した菩薩）が住する国土である。実報無障礙土《じっぽうむしょうげど》は、無明《むみょう》（無知、迷いの根源）の惑いを断ち切って、あるがままの真実（真如《しんにょ》）や中道（両極どちらにもよらない自由な境地）を悟った聖者が住する国土、常寂光土《じょうじゃっこうど》は、常住《じょうじゅう》（悟りの世界は消滅することなく永久に常に存在する）なる仏の国土のことである。

田村の言う「往《ゆ》く浄土」は、凡夫がそのまま往ける浄土であるが、菩薩としての修行が進めば、会得《えとく》する世界も深まり、衆生を救済して浄土の実現をめざせるから「成る（作る）浄土」に達する。天台の仏土論では、阿弥陀仏の極楽浄土は、人々がそこに往き、修行して境地を深めていくべき初歩的な場と位置づけられている。このような浄土観は、念仏も精神集中の方法として用いて禅定《ぜんじょう》によって境地を深め、来世には浄土に往生して修行を続けるという「禅浄一致」と言われる立場である。

善導は、阿弥陀仏を報仏、その浄土を報土と認めた。阿弥陀仏や浄土を外側の世界に実在するものと把握することを「指方立相《しほうりっそう》（方角を指定して具体的なかたちを立てて認める意味から、西方阿弥陀仏の極楽浄土を具体的な姿をもったものとして立てること）」と言う。末木は、善導が、凡夫の「往く浄土」を高位に引き上げ、十住以上の菩薩と同じ境地と解することになり、凡夫と聖人の区別をなくし、段階的な境地の進展を否定することになった、と論じた。さらに、以下のごとく述べている。

「中国ではこのような善導説は必ずしも広く受容されなかったが、日本では法然がその説を全面的に受容したことで、広く受け入れられるようになった。さらに、善導は『念称《ねんしょう》是一《ぜいち》』を主張し、念仏とは称名念仏のことだと想定し、それもまた法然によって受容された。このように、中国でも特異の説を中核的に受け取ることで、日本の浄土教は大きく変質することになった」（末木文美士二〇一三b）。

明治期になって日本仏教が中国に進出した際、その中心であった浄土真宗の布教師である小栗栖香頂《おぐるすこうちょう》（一八三一―一九〇五）は、中国語で『真宗教旨』を出版している（一八七六年、上海における東本願寺別院設立にあたって配布された）。これに対して、浄土観・念仏観があまりに仏教の原理を逸脱しているのではないか（念仏は諸行の一つにすぎない。聖道門否定はありえない）と中国の楊仁山は、激しく批判（『真宗教旨陽駁陰資弁』）を浴びせている（中村薫二〇一六）。

果たして逸脱なのか、独自の発展形態なのか。それでは、日本における浄土教の成立についで語ってみることにしよう。

第二章　日本における浄土教の展開

東大寺大仏

日本への仏教伝来

朝鮮半島の百済《くだら》から日本への仏教伝来については、『日本書紀』の記述による欽明《きんめい》天皇十三年（五五二）説、『元興寺伽藍縁起幷流記資財帳《がんごうじがらんえんぎならびにるきしざいちょう》』などの記録から推測される宣化《せんか》天皇三年（五三八）説があった。しかし、五五二年説は、末法思想に依拠した年次であって史実として疑わしいとされた。また五四五年前後を提示する説もあるが、最近までは五三八年説が有力とされ、通説とされてきた（『日本仏教史辞典』「仏教伝来」、速水侑《はやみたすく》執筆）。

しかし、吉田一彦（二〇一二）は、宣化天皇三年（五三八）説の論拠である『元興寺伽藍縁起幷流記資財帳』の研究史を整理しながら多くの不審点を指摘している（推古が五三八年にすでに生存し、成人で大々王という呼称が使用されていること、尼寺の桜井道場（桜井寺）を元興寺とし、元興寺と豊浦寺《とゆらでら》が一体の寺院とされ、推古発願の寺とされることなど）。このため、吉田は、この文書全体を後世の創作（偽文書）ではないか、と指摘する（平安時代末期成立と推定）。

そして、後述の飛鳥寺《あすかでら》（法興寺）の創建（五八八年）こそを、国家としての仏教伝来と位置づけるべきではないのか、と結論づけている。それまでの仏像や仏典などの到来は、個別的な事象であって、国家としての受け入れなどではない、と言うのである。このように論議が継続し（五四〇年代を主張する説もある）、研究者の見解が統一されていない状況なので、いつが仏教伝来なのか確定はできない（何年かは断定できないが、欽明天皇期とみなす研究者が多数を占める）。

ともあれ、仏教に関わる最初の事物の渡来としては、百済の聖明王《せいめいおう》（在位五二三―五五四）が、仏像や経典、幡蓋《ばんがい》（仏像を飾る荘厳具《しょうごんぐ》）などを日本に伝えたことになっている。外来の神とされた仏の像を祀《まつ》るべきかどうかで蘇我稲目《そがのいなめ》と物部守屋《もののべのもりや》の間で対立があり、最終的に蘇我氏が仏像をもらい受けて自宅に祀った。ところがその二年後に疫病がはやり、物部守屋は、仏像を祀ったためだと天皇に進言。そのため蘇我氏の自宅は焼かれ、仏像は壊されたとされる。

このときもたらされた仏像は、『日本書紀』によれば、「釈迦仏金銅像一軀《こんどうぞうひとはしら》」であり、元興寺の縁起類では、「太子像 幷《ならびに》灌仏盤一具《かんぶつばんいちぐ》」とされている（金銅仏は、銅または青銅で鋳造《ちゅうぞう》して表面に鍍金《ときん》（金メッキ）をした仏像）。山本勉（二〇一五）は、誕生時の釈迦をあらわした「誕生仏」とそれを安置して浄水を灌《そそ》ぐための盤のセットであったかもしれないとする。山本は、それまで偶像崇拝の伝統をもっていなかった日本人に、信仰対象が人の姿をしていることが新鮮な衝撃を与えたのだろう、と言う。

そして、崇峻《すしゅん》天皇元年（五八八）、百済国から使節、僧が派遣され、仏舎利《ぶっしゃり》、僧及び技術者（寺工、瓦博士など）などが贈与されている。蘇我馬子《うまこ》（?―六二六）は、百済の僧に受戒の法をたずね、さらに私邸の東方に仏殿（法興寺《ほうこうじ》（飛鳥寺））を作った。そして、渡来人で蘇我氏の配下であったらしい司馬達等（しばたっと、しばたつと、しめだちと。生没年不詳）の娘（嶋《しま》、斯末売《しまめ》）が、蘇我馬子から度《ど》され（僧尼になることを認可され）、日本で最初の出家者となる。彼女は、高句麗からの渡来僧恵便に従って出家得度《しゅっけとくど》し、「善信尼《ぜんしんに》」（五七四―?）となった。

善信尼は、後に戒律を修めるために百済に渡って受戒して帰国し、他に二人の女性が弟子として出家している（禅蔵尼・恵善尼）。蓑輪顕量《みのわけんりょう》（二〇一五）は、日本人最初の出家者が女性であったというのは、古代の巫女信仰を継承していたからではないか（仏教伝来以前の日本の宗教風土は、巫女を中心としたシャーマニズム）と推測している。

仏教の広がり

その後、推古《すいこ》天皇（在位五九二―六二八）が即位し、蘇我馬子と聖徳太子《しょうとくたいし》（厩戸皇子、五七四―六二二）の三人が共同で統治する時代になると、ようやく仏教が表舞台に出るようになった。聖徳太子については、大山誠一による「虚構説」が出て、いまだに論議が続いている（聖徳太子は、藤原不比等《ふひと》、長屋王《ながやのおおきみ》、道慈《どうじ》の三人によって理想的な天皇像を示すために創作された架空の存在という説。大山誠一一九九九、大山誠一編二〇〇三など）。

大山の主張は、聖徳太子の確認できる歴史的事実としては、「用明天皇（在位五八五―五八七）の皇子として五七四年に生まれた厩戸《うまやと》であり、斑鳩宮《いかるがのみや》に住み、斑鳩寺（法隆寺）を作ったこと」のみだとするものである。

また、森博達《ひろみち》は、音韻や語法分析に基づき、『日本書紀』を精密分析したが、聖徳太子が作成したとされる「憲法十七条」は、通説のような「文法的に誤りのない正格漢文」ではありえない、と指摘した。さまざまな語句の「倭習《わしゅう》（漢文のなかの和文的要素、和臭）」に由来する誤用（非、不、勿、亦、少、所以など）が指摘されている。そのため、森は、「憲法十七条」の制作年代は、『日本書紀』の編纂が開始された天武朝（六七三―六八六）以後だとする（一九九九）。

これらの議論に対して反論する石井公成《こうせい》（二〇一六）は、大山が用いている「厩戸王《うまやどおう》」（厩戸は、正確には「うまやと」と濁らずに発音）は、どの古代文献にもなく、戦後になって研究者の小倉豊文が推測して用いるようになったものであり、実在しない名前であることを指摘している。

石井は、大山によって聖徳太子の撰述ではない（中国で成立後伝来）とされた『三経義《さんぎょうぎ》疏《しょ》』（『勝鬘経《しょうまんぎょう》義疏』『法華経《ほけきょう》義疏』『維摩経《ゆいまぎょう》義疏』）を、コンピュータ解析により中国の学僧の著作ではありえない（時代遅れの古い注釈を種本としていること、仏教の素養が不足した素人くさい表現が多い変格漢文の注釈）と立証し、虚構説に反論している。

議論は決着をみていない。そのため、現時点でとりあえず、聖徳太子（厩戸皇子）と呼ばれる人物について確実に言えることは、「用明天皇の皇子で、推古朝における政治的な有力者。斑鳩寺（法隆寺）を創建（推古天皇十五年（六〇七）完成）。そして『三経義疏』を帰化人などの協力者を用いて編集し、『勝鬘経』『法華経』の講説を行った」ということだろうか。ともあれ、仏教は推古朝に大きな展開を見せ、七世紀になると寺院創建も盛んに行われるようになった。

そして七世紀半ばに道昭《どうしょう》（六二九―七〇〇）が唐に留学して、玄奘《げんじょう》のもとで法相唯識《ほっそうゆいしき》（法相宗（唯識宗）では、すべてのものが自己の心の投影であるとする。自己の深層意識に向き会うことで現実（現象世界）を明らかにする）と禅観《ぜんかん》（精神の安定と統一をめざす観察行）とを学んだ。

さらに奈良時代（七一〇―七九四）に入って、聖武《しょうむ》天皇（在位七二四―七四九）は、天平十三年（七四一）に諸国に国分僧寺と国分尼寺を造立することを発願する。仏法による護国を祈願したのであり、奈良には総国分寺になる東大寺が創建されることになった。東大寺の本尊は、盧《る》舎那《しゃな》仏《ぶつ》（『華厳経《けごんきょう》』の仏）だったため、華厳の修学が行われるようになった。このため、最初期の三論《さんろん》宗、続いて法相《ほっそう》宗、さらに華厳《けごん》宗の教えが学ばれるようになった。

さらに鑑真《がんじん》（六八八―七六三）が渡来してくると、律宗《りっしゅう》が成立することになる。律宗では、東大寺の戒壇院《かいだんいん》や唐招提寺《とうしょうだいじ》が拠点となった。

「浄土の教え」の始まり

またこの時期に、浄土の教え（阿弥陀仏の極楽浄土の希求）が少しずつ広がりはじめていた。蓑輪顕量（二〇一五）は、この時代の浄土の教えの広がりについて、教理を学ぶものというよりも修行実践の流れのなかで受容されはじめていたのではないか、と推測する。なかでも、元興寺《がんごうじ》（平城京遷都に伴い、七一八年に法興寺（飛鳥寺）の大部分が奈良に移り、元興寺と呼ばれた。飛鳥の法興寺は本元興寺と呼ばれた）の智光《ちこう》（七〇九―？）と礼光《らいこう》（生没年不詳）があらわれ、彼らの浄土への往生の希求が注目された。

智光は、河内国出身で三論宗の学僧として知られ、多くの著述がある。多くは散逸し、『浄名玄論略述《じょうみょうげんろんりゃくじゅつ》』及び『般若心経述義』だけは現存している。智光の『無量寿経論釈』五巻は現存しないが、後の文献中に多くの引用があり、概略を知ることができる。それによると、この書は世親の『浄土論』の注釈書であり、曇鸞の『論註』のほぼ全文を踏まえたうえでそれを補う形で注釈が加えられたものだという。

そして、浄土三曼荼羅《まんだら》（智光曼荼羅、当麻《たいま》曼荼羅、清海《せいかい》曼荼羅）の一つである「智光曼荼羅」

では、智光と礼光の二人の僧形図《そうぎょうず》が、浄土変相図《へんそうず》（浄土の姿を画図に表現したもの）の蓮池の橋の上に描かれている。この曼荼羅の原本は、宝徳三年（一四五一）に焼失したとされるが、平安末成立とされる板絵（板絵彩色、額装、縦二一七センチ×横一九五センチ、元興寺蔵、重要文化財）が現存する。

智光の浄土思想の特徴は「仏土論」と「称名念仏」論にある。極楽を「変易土《へんにゃくど》」として、菩薩から罪人に至るまで幅広い衆生を受け入れる世界だとする。罪人でも臨終の時に仏僧に会って「法を聞き信受して、十念を具足《ぐそく》（もつ、伴うこと）すれば、すなわち安楽浄土に往生すること」を得ると記している（梯信暁二〇一二）。

智光の「称名念仏」について、普賢晃寿《ふげんこうじゅ》（一九七二）は、曇鸞の『論註』に依拠しながらも、他力思想の様相がうかがえるとしている。しかし、井上光貞（一九七五）は、智光の「称名念仏」論は、基本的には、曇鸞の主張の受け入れには消極的で、口称よりも心念を重んじた迦才《かざい》の『浄土論』の影響が大きいとする。さらに観察門を中心とした吉蔵《きちぞう》（五四九—六二三）の影響も強いことを指摘している。井上は、智光の念仏が、基本的には観察門（観想念仏）であるにせよ、三論宗系の浄土論にこのような動きが起こったことは注目すべきだとしている。ほかに東大寺の智憬《ちけい》や興福寺の善珠《ぜんじゅ》（七二三—七九七。秋篠寺の開基）にも浄土教に関わる著述がある。

さらに、井上光貞は、以下のように論じている。

結局のところ、彼らは官寺の大僧であって、浄土論の救済対象であった民衆世界とは隔絶していた。だから、浄土論を論じても貴族社会にはほとんど影響を及ぼさなかった。では、なぜ奈良期後半に阿弥陀仏像や阿弥陀浄土変相図（曼荼羅）が急増したのか、という問題が残る。

井上は、中国での浄土教展開の後追いの面があるものの、日本の場合の独自性を指摘した。彼は、飛鳥・奈良期の阿弥陀仏像や浄土変相図の造立の目的を知ることができる十九例を調査した。うち十八例では、特定の故人の冥福・往生（追善）のためで、自らの往生を願うものではないことを指摘している。したがって、この時代の阿弥陀信仰は、死者の極楽浄土往生を願うという広い意味での呪術的儀礼だったのである。

さて、このような死者への往生の願い（追善）に関連して、このころの神仏習合の動きについて記しておきたい。

義江《よしえ》彰夫《あきお》（一九九六）は、仏教伝来後に、王権中枢部に「所有と支配の欲望とそこから生まれる罪業」についての意識が生まれたことを指摘する。

そして共同体を統合するための神祇祭祀と神話の体系化が行われる一方で、仏教を鎮護国家の宗教として取り込む作業が行われるようになった。奈良時代半ばまでには、中央には法隆寺・元興寺・薬師寺・東大寺・興福寺などが建立され、地方にも国分寺、国分尼寺などが林立するようになった。では、わずかの期間にこれだけの多くの寺院を建立し、維持するようになったのはなぜか。

我欲と支配の罪業意識が、官僚と貴族社会に一挙に拡大したからだ、と義江は指摘する。神のお告げという形式をとり、罪業を告白し、神々を仏教に帰依させて菩薩にし、そのためのお寺として神宮寺《じんぐうじ》（神社に附属する寺院）が作り上げられた。たとえば、時宗の二祖《にそ》真《しん》教《きょう》（一二三七―一三一九、一遍の最初の弟子で時衆教団を形成）が自らもっこを担《かつ》いで参道を作ったことで知られる敦賀《つるが》の気比神宮《けひじんぐう》には、最も早くできた神宮寺の一つ気比神宮寺があった（霊亀《れいき》元年（七一五）に仏道への帰依を願う気比神の夢告を得て藤原武智麻呂《ふじはらのむちまろ》（六八〇―七三七）が建立）。

また、各地の神宮寺建立をめぐり、その由来について以下のようなエピソードがある。伊勢・桑名の多度《たど》山の神＝多度大神《たどおおがみ》は、天平宝字《てんぴょうほうじ》七年（七六三）、人に乗り移って託宣《たくせん》（お告げ）を下す。

「我れは多度の神なり。吾《わ》れ久劫《きゅうごう》（長い時間）を経て、重き罪業《ざいごう》をなし、神道の報いを受く。いま冀《こいねがわく》ば永く神の身を離れんがために、三宝《さんぼう》（仏教）に帰依《きえ》せんと欲す」。

たまたま近くで仏教布教につとめていた満願禅師《まんがんぜんじ》が、この託宣（神身離脱）を聞きつけて、山の南を切りはらって、そこに小さなお堂を建てた。これが多度神宮寺の始まりだと言われる。神社（基層信仰）と寺院（普遍宗教）が正面から結合して成立した神宮寺とは、仏になろうとして修行する神（菩薩）のための寺とされたのである。

全国の多くの神社に神宮寺が建てられた。皇祖神アマテラスを祀《まつ》る伊勢神宮にさえ、伊勢大神宮寺（天平神護《てんぴょうじんご》二年（七六六）ころ）が建てられた。王権の正統性の支柱なので、外来の宗教である仏教との直接の接触があってはならないとされ、はじめから別空間に建てられた。そして宝亀《ほうき》三年（七七二）に同じ度会《わたらい》郡にあってはならないとされて飯高《いいだか》郡に移された。さらに宝亀十一年（七八〇）には別の場所に移されている。

当初は、貴族社会の罪業意識であったものが、次第に地方豪族にまで及びはじめてきたのは、それまでの支配形態（神への服従）が行き詰まり、仏教（神身離脱と神宮寺化）に打開の道を見出そうとしはじめたからである。

さらに、怨霊《おんりょう》信仰が登場する。奈良時代半ばまでに、権力抗争の末に敗れた者の霊が、怨みをもって出現するという観念が生まれていたのである。奈良時代末期以降、怨みをもって亡くなった死者を慰霊する御霊会《ごりょうえ》が各地で行われるようになった。

義江は、神宮寺と御霊会は、それぞれ神仏習合の一つの形態にほかならないことを指摘している。おそらく、先ほど述べた「特定の死者の慰霊（極楽浄土往生）を求める阿弥陀信仰」もまたこの流れのなかに位置づけられるのではないだろうか。したがって、この時代までは、「浄土の教え」もまたこのような歴史的状況に基づいていたということは言えるだろう。

そしてこのような日本独自の神宮寺をも包括する大乗《だいじょう》仏教の根拠を作りだしたのが、平安期に入って真言《しんごん》宗を開いた空海《くうかい》（弘法大師《こうぼうだいし》、七七四―八三五）だった。空海は、唐に渡り、長安の僧恵果《けいか》に出会って、大乗真言密教を伝授されて帰国する。大乗真言密教を護国の教えとするもくろみは、高野山に真言修行の寺として金剛峯寺《こんごうぶじ》を建てることから始まる。

紀伊国《きいのくに》伊都郡《いとぐん》の高野山中に修行の地を得ようとした空海は、弘仁《こうにん》七年（八一六）七月、修行の地として嵯峨天皇からこの地を賜った。空海は、「東西南北上下七里のなかのすべての悪鬼神どもはみなわが寺域の内を出てゆけ。すべての仏法を守る善神鬼らはこの地に住め」（「高野建立の初の結界の時の啓白文」）と言い放った。

桜井好朗（二〇〇〇）は、この啓白文では、「仏教における五大の諸神や古来の天神地祇《てんじんちぎ》とならべて日本はじまって以来の皇帝皇后の霊がひとしくここに開かれる道場の後援者としてあげられて」いることを指摘している。皇祖神も天皇も、大日如来《だいにちにょらい》（密教では、胎蔵《たいぞう》（界）曼荼羅、金剛界《こんごうかい》曼荼羅の本尊）のもとでさまざまな神々と併置された。このような空間では、仏法のさまたげになる悪鬼神は追われ、仏法を守る善神鬼だけがとどまれた。

この悪鬼神や善神鬼とは、地方に住んでいた土着神だったのだが、こうして国家権力と結んだ大日如来のなかに取り込まれるか、拒否して追放される運命に置かれた。そして生き延びた神々は、やがて高野山金剛峯寺の寺領を守る役割を与えられて、高野《こうや》明神、あるいは丹生《にう》明神などとして再登場している。

こうして空海は、さらに東寺《とうじ》を真言専修の護国寺（教王護国寺）とした。また真言宗を王権鎮護《おうけんちんご》の教団とし、諸国の神宮寺を引き入れることに成功するのである。

一方で、罪悪感に苦しめられるようになった地方の豪族たちの救いを受けとめる僧たちが、雑密《ぞうみつ》*系の遊行《ゆぎょう》する密教僧だった。

この呪術的な修行によって超越的な神通力を身につけてその力で罪を贖《あがな》い、悟りに達する雑密の遊行僧たちこそが、仏を信仰しながらも、古来の神の祭りと宴とを存続させなければならなかった地方豪族の悩みを解決する手段となる。

そして五穀豊穣《ごこくほうじょう》と現世での繁栄を願う庶民から地方豪族に至るまで、すべての願望を成就してくれる密教は、空海による鎮護国家の宗教の実現によって、一気に中心におどり出てくる。その一方で、最澄《さいちょう》が開いた天台宗のなかに、浄土教が芽生える。以下、簡単に説明することにしよう。

＊　純密《じゅんみつ》（大日経《だいにちきょう》、金剛頂経《こんごうちょうぎょう》を中心とする）と対比され、空海以前の未熟とされる密教と後発の

呪術的機能をもつ密教。

平安の浄土教

平安朝は、七九四年の平安京への遷都から始まった。その時代の初め、延暦《えんりゃく》二十五年(八〇六)に出された官符《かんぷ》(太政官から官庁及び諸国に出した公文書)に「年科の度者《どしゃ》(僧、尼として任命される者)の数並びに学業を分定すべき事」というものがある。この官符は、平安期の新仏教宗派として、「律・三論・法相・華厳」に「天台宗」を付加することを宣言し、平安時代の各宗体制が成立することになった。

また同時期に、各宗の毎年の度者の人数は制限され、仏教の教理に秀でた者を選ぶ試験が行われることが決められている。試験合格後、質疑応答(竪義《りゅうぎ》論議)に臨むことができたが、この者を竪者《りっしゃ》と呼んだ。この竪者になり、合格した者が法会《ほうえ》(仏法の経典講説や論議のための集会)の講師に任命されるようになったのである。

さて、すでに紹介したように、中国の天台宗の智顗の『摩訶止観』では、四種三昧が説かれている(常坐三昧・常行三昧・半行半坐三昧・非行非坐三昧)。そのうちの常行三昧(仏立《ぶつりゅう》三昧)は、「歩歩声声念念唯だ阿弥陀仏に在り」との記述があるように、「心の中で、声に出して、さらに歩みを阿弥陀仏の名号にあわせてゆっくり歩く」、つねに阿弥陀仏という対象に結びつけられている三昧の行である。

むろん最澄（七六七?—八二二、伝教大師《でんぎょうだいし》。日本における天台宗開創者）が、極楽往生を願う信仰をもっていたという資料はない。もともと般舟三昧《はんじゅうざんまい》（人里を離れ、阿弥陀仏を一心に想念すること七昼夜に及べば、仏が現前する）は、観想念仏であって、極楽往生をめざすものではない。重要なのは、最澄の弟子の円仁《えんにん》（七九四—八六四）が唐に渡り、五台山竹林寺《ごだいさんちくりんじ》に伝わっていた、善導につながる法照《ほうしょう》（唐代の浄土僧）流の五会念仏《ごえねんぶつ》（五種類の音調に基づく、緩急まじえた音楽的な念仏の称え方）を学び、日本に伝えたことである。

円仁は、天台宗の常行三昧に五会念仏を導入する（「五台山の念仏三昧の法を移して諸弟子に伝授し、常行三昧を始修せしむ」『慈覚大師《じかくだいし》伝』仁寿《にんじゅ》元年（八五一）記事）。南無阿弥陀仏と念仏を称えながら、堂内を歩き続ける常行三昧が、音楽的な要素（節回しや抑揚）をもつ称名念仏となったのである。

この常行三昧は、不断念仏《ふだんねんぶつ》とも呼ばれていたことが、源為憲《みなもとのためのり》（?—一〇一一、歌人）の『三宝絵詞《さんぼうえことば》』（永観《えいかん》二年（九八四）成立）の記事（「比叡不断念仏」）からもわかる。常行三昧は、中国では二十一日間にわたって行われる行だが、日本では三つの時期に分かれ、さらに仲秋に一週間行う行に縮小された。またこの円仁の伝えた念仏は、「大念仏」という名称でも呼ばれるようになった（蓑輪顕量二〇一五）。

円仁の後、弟子の相応《そうおう》（八三一―九一八、回峯行《かいほうぎょう》の創始者）は、円仁の遺命に従って常行三昧堂を大講堂の裏手に移築している（八八三年）。さらに円珍《えんちん》（八一四―八九一）の弟子にあたる増命《ぞうみょう》（八四三―九二七）は、西塔を造営し、そこに常行堂を建立して不断念仏会《え》を催している。

また延昌《えんしょう》（八八〇―九六四、第十五代天台座主《ざす》）は、憂き世の無常を嘆いて浄土信仰に入り、毎月十五日、別時念仏《べつじねんぶつ》（特定の期間を設けて不断念仏を行うこと）を行った。また念仏聖《ひじり》の空《くう》也《や》に大乗戒を授けたことでも知られている（天暦《てんりやく》二年（九四八）、空也は光勝《こうしょう》と称した）。

そして、円珍の弟子の増命と交流があった藤原忠平《ただひら》（八八〇―九四九、摂政、関白）は、浄土変相図を描かせるなど浄土信仰をもっていたことで知られ、僧俗が集まるさまざまな会合に参加していた。忠平は、増命以外に相応や延昌とも交流があったので、忠平は、この時代の不断念仏の流行と何らかの形でつながっていたと考えられる。

こうした結びつきが広がるにつれて、文人貴族たちの願生《がんしょう》極楽信仰もまた拡大してゆく。三善清行《みよしきよゆき》（きよつら？　八四七―九一八、学者、大学頭）は、息子を玄昭（円仁の弟子）のもとに弟子入りさせた。花山天皇の姉（宗子内親王）は、自らの臨終に際して念仏を休むことなく称え、四十九日忌には阿弥陀如来を本尊にして内親王の仏事が営まれたと言われる。

井上光貞（一九七五）は、願生極楽往生の先駆は、十世紀の摂関期に疎外され没落し、無常観を深める社会層の中級・下級貴族だとしていた。しかし、平雅行《たいらまさゆき》（一九九二）は、この三善清行などの例をあげて、その傾向は九世紀末から見えており、病をきっかけとして摂関家や天皇家の人々が出家するのは、すでに九世紀半ばから始まっていると指摘する。

平は、従来の平安浄土教の研究による「浄土教の現世否定（厭離穢土《おんりえど》）が没落中・下級貴族をとらえた」という視点は誤りだと論じた。十世紀以降の人々の宗教意識は、「鎮護《ちんご》国家《こっか》・現世《げんぜ》安穏《あんのん》・後生善処《ごしょうぜんしょ》・死者追善」という四つの要素で構成されていた。国家の安泰を願い、この世と死後の世界とで安楽であること、そして亡くなった人々の供養をすること、これが基本であった。

すなわち、平安浄土教は、現世（この世）と来世（あの世）の「二世《にせ》安楽《あんらく》（現世安穏・後生善処）」信仰として登場してきた、と平は論じている。このような視点から見てゆくと、康保《こうほう》元年（九六四）、学生と僧侶の間で結成された勧学会《かんがくえ》は、注目すべき宗教運動である。天台宗から三月・九月の十五日の式日や『法華経』講読と常行三昧の念仏を継承し、それに作文が付け加えられた形式には、白楽天《はくらくてん》（白居易、七七二―八四六）の影響もある。この勧学会を推進したのが、慶滋保胤《よししげのやすたね》（?―一〇〇二）である。平林盛得《もりとく》（二〇〇一）は、この勧学会を極楽思慕の要素をもった、広義の意味での「念仏結社」だとする。

その後、慶滋保胤は、次第に実践運動から離れて内省の方向に向かう。彼に決定的な影響を与えたのが、市聖《いちのひじり》・空也の死（天禄《てんろく》三年（九七二））だと、平林は言う。空也の死によって、保胤に強烈な浄土への志向が生まれた。かくて、保胤は、それまで定まった場所がなかった勧学会の会所設立運動を行った。さらに大陸渡来の『浄土論』と『瑞応删伝《ずいおうさんでん》』にめぐりあい、日本初の往生伝である『日本往生極楽記』（永観《えいかん》二年（九八四）初稿成立）を執筆する。さらに、執筆から二年後の寛和《かんな》二年（九八六）には出家した。彼の出家により、第一期の勧学会は自然解散している。

そして、この年に比叡山横川《よかわ》の首楞厳院《しゅりょうごんいん》の僧二十五人による念仏結社・二十五《にじゅうご》三昧会《ざんまいえ》が結成された。むろん保胤自身は、この動きに直接は関わっていない（ただし九月に起請文《きしょうもん》を書いている）。しかし、平林は、保胤が、源信などに浄土信仰を熱烈に伝えたことが、こうした運動や源信の『往生要集』の成立をもたらしたのだとする。源信の『往生要集』（寛和元年（九八五）成立）の一節には、「わが朝にも、往生せる者、またその数あり。具《つぶさ》には慶氏の日本往生記にあり」とある。

源信と『往生要集』

さて、それでは源信の『往生要集』の出現をどのようにとらえるべきなのだろうか。

平雅行は、九世紀中葉から十世紀後半に至って浄土教が発展し定着していったのは、

「現世と来世の障壁が崩れ、来世が現世の中に侵入してきたことを意味するのではないか」と述べる。それまでは、生きている間に極楽往生を願うのは不吉だとされた。存命のときには病気を治すことや長生きすることを願い、一方では死者の浄土往生を願うという形をとっていたのである。

「つまり自分自身の浄土往生を祈るというのは、死や来世の観念が肥大化し、それらが現世の中に侵入してきて、現世のある段階から来世が始まることを意味している」(平雅行一九九二)。

来世への準備が、臨終時期から晩年、さらには青年期にまでひろがっていたのは、平安京の行き詰まりに由来するものかもしれない。平は、王朝貴族層の「ケガレ」への異常な関心や一般民衆の「死霊」への恐怖、「物の怪《もののけ》」出現の記述などがみられることを指摘する。都市化の進展に伴う人口増大、それに伴う都の治安悪化と政情不安、これらが渾然一体となって人々に不安をかきたて、死生観の変化をもたらしたのだろう。さらに永承《えいしょう》七年(一〇五二)には、末法《まっぽう》の時代に入ると考えられていた。釈尊の死後、正法《しょうぼう》の時代(教えも修行も悟りも残るとされる時代)が千年続いて、教えと修行のみが残る像法《ぞうぼう》の時代が千年続き、さらに修行する人も悟りもなくなって教えのみが残るのが末法の時代である。

末法思想は、すでに奈良仏教にもみえ、三論宗は正法五百年、像法千年説、法相宗は、正・像ともに千年説をとっていた（平安時代中頃に正・像ともに千年説が有力になる）。平安初期の空海や最澄にも末法思想が認められ、保胤による二十五三昧会の起請《きしょう》（事を起こして実現を要請する寛和二年（九八六）九月の文書。「方今像法寿至喉、人世之事如夢、捨穢土生浄土……」）にも、源為憲の『三宝絵詞』にも「像法」の言葉が使われていた（菊地勇次郎二〇一四）。

源信《げんしん》（九四二—一〇一七、天台密教の恵心流《えしんりゅう》の祖）は、大和国葛城下《かずらきのしも》郡当麻《たいま》郷（現在の奈良県大和高田市と北葛城郡にわたる地域）に生まれ、天暦《てんりゃく》の末年（九五〇年代半ば）ころ、比叡山横川の良源《りょうげん》（九一二—九八五、第十八代天台座主《ざす》）の門に入った。良源は、藤原摂関家の援助で、比叡山の堂塔の整備を行い、広学竪義《こうがくりゅうぎ》（ひろく内外一切の学を極め、論議問答をすること）を制定して論議を盛んにし、叡山中興の祖と呼ばれた高僧である。

また、『極楽浄土九品往生義《くほんおうじょうぎ》』（「観無量寿経」九品往生段の注釈書）で、貴族社会に芽生えた臨終来迎信仰に対応して、臨終の際に極楽往生するための種々の実践を説明している。

平林盛得（一九七六）は、この本は正統的な保守派浄土教理論の総合であって、当時異端と思われていた善導の教義は全く説明されていないことを指摘している。一方、師の良源の遷化《せんげ》（死去）の年に完成していた源信の『往生要集』では、良源の書について触れていないばかりか、良源の遷化にも触れていないのである。平林は、この事実から、『九品往生義』は、良源の著作ではなく、上席の弟子たちが良源の命を受けて編纂したものではないか、と推測している。

源信は、法会の論議に明け暮れる叡山の生活とは別に、書写山《しょしゃざん》の性空《しょうくう》（九一〇？―一〇〇七）と出会い、慶滋保胤とも出会った。世俗を避け、清貧の聖たる性空の姿に心打たれ、源信は、「四十年来一乗《いちじょう》を持し　衣《ころも》はなお忍辱《にんにく》　室《むろ》は慈悲のごとし　菩提《ぼだい》の行願《ぎょうがん》は　まさに清浄《しょうじょう》　世々生々《よよせいせい》　我が師とならん」という詩を贈った（一乗とは唯一絶対の仏の教えのこと）。勧学会の人々との交流が、源信を新たな境地へといざなうことになる。

ところで、市聖《いちのひじり》（阿弥陀聖）空也に対する思慕は、勧学会の人々に共通していた。空也の一周忌にあたり、源為憲が執筆した、空也の生涯を語る長文の序と四字一句の三十四句からなる誄《るい》を「空也誄《くうやるい》」と呼ぶ。また保胤の『日本往生極楽記』の空也の往生伝で、保胤は言う。

「天慶よりさきつかた、道場に念仏三昧を修するは希有《けう》なりき。いかにいわんや小人愚女は多くこれを忌《い》めり。上人来りて後、自らとなえ他をしてとなえしむ」。

称名念仏を死霊鎮送《しりょうちんそう》のためのものと理解する限りでは、それは葬送に携わる僧たちが称えるものであって、「死穢《しえ》（死のケガレ）」を恐れる人々にとっては、自ら称えるのははばかられるものだったのだ。その風潮にあらがって空也は、念仏者自身の往生の因となると説き、念仏を勧進したのである。

だが、速水侑《はやみたすく》（一九八八）は、勧学会のメンバーたちのなかでは、念仏往生を説きながら、一方で空也の類いまれな苦行や霊異への讃歎が見られるとして、彼らの念仏観の分裂を指摘している。

勧学会を通じての文人貴族との交流のなかから、源信が最初に著したのが『阿弥陀仏白毫観《びやくごうかん》（白毫観法）』（天元四年（九八一）成立）である。白毫とは、「仏の眉間《みけん》で光を放つ白い旋毛《せんもう》のかたまり」のことを意味し、白毫観とは、その白毫をみつめながら阿弥陀仏の姿を思い描く（観想）ことである（「もし阿弥陀仏を観念せんと欲せば、まず、ただまさに白毫の一相を観ずべし」）。

速水は、源信が白毫観法を取り上げたのは、初心者にとって比較的容易な観法だったことだけではなく、称名念仏中心の当時の浄土教に対して、あえて天台教学の立場から「念仏」のあるべき姿を提示しようという意図があったためだろうとする。

『往生要集』は、永観二年（九八四）十一月撰述を始め、翌寛和元年（九八五）四月に終えた。書名は、序文にあるとおり、往生極楽の教行《きようぎよう》（教えと修行）に関して「念仏の一門によっていささか経論の要文を集む」ことから来ている。膨大な経論を集めて調べ、浄土や念仏往生に関わる要文を明示しつつ、論旨を展開している。「浄土往生のための念仏実践の手引書であり、備忘録」、そして「源信自らの念仏実践の書であるとともに、念仏を通じて菩提を求め利他を願う同信同行のための書」であった。

源信は、極楽は修道の世界であり、往生を願うのはおのれ一身のためではなく引摂《いんじょう》（仏が人々を導き、摂《おさ》めとること）・結縁《けちえん》（未来の往生のために結びつきを作ること）のためと考えていた。序文に「これを披《ひら》いてこれを修すれば、覚《さと》り易《やす》く行い易からん。すべて十門あり、分ちて三巻となす」とある。序文に続く大文《だいもん》は、十門で構成されている。

十門とは、「厭離穢土《おんりえど》」「欣求浄土《ごんぐじょうど》」「極楽の証拠」「正修《しょうしゅ》念仏」「助念の方法」「別時念仏」「念仏の利益《りやく》」「念仏の証拠」「往生の諸業《しょごう》」「問答料簡《りょうけん》」である。このなかで、本論部分は、個人がいかにすれば浄土に往生できるかという念仏実践の部分（第四から第六まで）となる。

核心は、「正修念仏（正しく念仏を修すること）」、すなわち世親の『往生論』中にある礼拝以下の五念門《ごねんもん》（礼拝門《らいはい》、讃歎門《さんだん》、作願門《さがん》、観察門《かんざつ》、廻向門《えこう》）を成就することである。狭い意味での念仏が「観察門」だが、源信は、「作願門（仏にならんと願うこと）」と「廻向門（これらの行為によって得られる善根功徳《ぜんこんくどく》（善い行いによって得られる功徳）を一切衆生《いっさいしゅじょう》（すべての人々）に廻向し利益すること）」とを重視している。これは、「上求菩提《じょうぐぼだい》、下化衆生《げけしゅじょう》（上に向かって自らの悟りを願いながら、下に向かってはすべての人々を教化し救うこと）」を説く大乗仏教の菩薩道の精神（念仏結社の精神でもある）を表現するものである。そして観察門の念仏とは、阿弥陀仏の相好《そうごう》（身体的な特徴）を観想する「色相観《しきそうかん》」だが、この色相観は、「別相観《べつそうかん》」「惣《そう》相観《そうかん》」「雑略観《ぞうりやくかん》」の三つに分かれている。

「別相観」は、阿弥陀仏が座る美しい蓮華座《れんげざ》を観想し、次に阿弥陀仏の顔の輝かしい形や光を観想することである。「惣相観」は、別相観を推し進めてたどり着く観想念仏の極致であり、すべてが消えたような感覚で、自分もまた阿弥陀仏の光のなかにとどめられていることを実感することである。別相観が、「事観《じかん》（事物を観《み》る）」であるのに対して、惣相観は、阿弥陀仏を普遍的真理そのものとしてとらえ、これと一体になろうとする「理観《りかん》（真理を観ること）」なのである（「往生の業は念仏を本とす。その念仏の心は、必ずすべからく理のごとくすべし」）。

そして、源信は、こうした高度の観想にたえない人のために、より簡略な「雑略観（仏の白毫を観想する）」を勧めている。したがって、源信にとって「称名念仏」は、こうした観想にたえない場合に限ってのものであった。

「『往生要集』の念仏は、究極的には天台教学が重んじる『摩訶止観』常行三昧本来の観《かん》実相《じっそう》（真実のすがたを観《み》る）を志向するものであり、その意味において、きわめて天台的な念仏であるといえよう。さらにまた、従来雑然とおこなわれていたさまざまの所業が、理観念仏を頂点とする往生業の壮大な体系にくみこまれ、整然と位置づけられたのも、すべての行に往生の因を認める天台教学の立場を示すものにほかならない」(速水侑一九八六)。かくして『往生要集』の出現は、往生業としての念仏の意義を初めて体系化したものとして空前の反響を呼んだ。そしてその翌年寛和二年(九八六)に、前述した念仏結社「二十五三昧会」が発足している。発願文《ほつがんもん》に記された根本結衆には、源信の名前は見えないが、九月中頃に請われて入会したらしい。出家していた慶滋保胤もまた、会のために「起請八《きしようはっ》箇条《かじよう》」(起請文)を起草している。

ところで、この起請の結びに十人の僧侶が結縁《けちえん》して入会したと記述されている(「十口《じっこう》の禅侶《ぜんりよ》と結縁す」)。この十人の僧とは誰だったのかと言えば、出家したばかりの花《か》山《ざん》法皇(九六八―一〇〇八、天皇在位九八四―九八六)と扈従《こしよう》の厳久《げんきゆう》(源信の弟子)の名前が、源信の名前とともに見出されることに気づく。おそらくは、保胤とのつながりからなのではないか、と速水は推測している。

こうして、『往生要集』の念仏は、正統的念仏として貴族社会のなかで確固たる地位を占めるようになった。この源信の念仏理論をもとに、一切の諸行を往生業として位置づけた「藤原時代的浄土教」(井上光貞一九七五)が、十一世紀以後、一人歩きして貴族仏教秩序の基本型となってゆく。さらに、末法思想の流行とともに、貴族たちは、後世の救済を求めて功徳を積み重ねることを急いだ。「阿弥陀堂（初期のものは常行堂と呼ばれた）」が次々に建立された（大原別所（三千院）の往生極楽院（京都市）、平等院鳳凰堂《ほうおうどう》（京都府宇治市）、平泉中尊寺の金色堂《こんじきどう》（岩手県平泉町）、岩城《いわき》白水《しらみず》の阿弥陀堂（福島県いわき市）、富貴寺《ふきじ》の大堂《おおどう》（大分県豊後高田市）など）。

ところで、最晩年の源信の著作『阿弥陀経略記《りゃっき》』（長和《ちょうわ》三年（一〇一四）十二月九日の日付の序文あり）のなかでは、源信の理観念仏の立場にゆらぎが生まれている。速水侑（一九八八）は、「往生の業は称名にして足るべし」とする立場に移りつつあったとみる。念仏結社運動のなかで、一般の人々には観想念仏を実践するのは難しいことを実感し、称名念仏の意味を見直しはじめていたのである。むろん、呪術的な称名念仏であってはならないから、「信」の重要性を説いている。

そして、晩年の源信にみられる称名念仏への傾斜は、以後の叡山の僧たちの間に次第に広がってゆく。源信の後、檀那《だんな》院覚運《いんかくうん》（九五三―一〇〇七、天台密教（台密）の檀那流《だんなりゅう》の祖）や兜《と》率覚超《そつかくちょう》（九六〇―一〇三四、台密の川流《かわりゅう》の祖）、谷阿《たにあ》闍梨《じゃり》皇慶《こうげい》（九七七―一〇四九、台密の谷《たに》流《りゅう》の祖）といった人々が、叡山における浄土教を継承した。

院政期の浄土教

その後、院政期（一〇八六―一一八五）に入ってから、比叡山では、良忍《りょうにん》（一〇七三―一一三二）が知られる。彼は、比叡山の東塔常行堂の堂僧を勤めていたが、晩年に至り、大原別所《べっしょ》に隠棲した。来迎院を創建して、毎日念仏六万遍《ろくまんべん》の念仏三昧の修行を行った。永久《えいきゅう》五年（一一一七）、三昧のなかで阿弥陀の示現《しげん》（仏がこの世に現れること）をたまわり、

「一人一切人《いちにんいっさいにん》、一切人一人、一行一切行《いちぎょういっさいぎょう》、一切行一行、是名他力往生《ぜみょうたりきおうじょう》、十界一念《じっかいいちねん》、融通《ゆうずう》念仏《ねんぶつ》、億百万遍《おくひゃくまんべん》、功徳円満《くどくえんまん》（おのれの念仏行はすべての人々の回向のためであり、すべての人々の念仏行はおのれの回向のためである。これを他力往生と名づけるのであり、十界（眼・耳・鼻・舌・身の五根《ごこん》と色・声・香・味・触の五境《ごきょう》）一念の融通念仏は、数えられないほどの功徳をもたらす）」

という偈頌《げじゅ》を得たといわれる。融通は、古くは、「ゆずう」と読み、異なる別々のものがとけあって一体となることを意味する。

むろん、これは後世の作とみなされる。阿弥陀仏の啓示のエピソードが語られ、融通念仏宗（現・大阪市平野区の大念仏寺《だいねんぶつじ》を総本山とする）の宗祖としての良忍像が形成されるのは、鎌倉時代中期以降である。『古今著聞集《ここんちょもんじゅう》』（建長六年（一二五四）成立。その後増補）では、良忍が「一人の行をもって衆人の行となす」という「円融念仏」を勧めたと記されている。

だが、『融通念仏縁起』（正和《しょうわ》三年（一三一四）成立）では、「一人の行をもって衆人の行とし、

衆人の行をもって一人の行とする」という記述に変わった。

さらに江戸時代に融通念仏宗の布教につとめた大通融観《だいつうゆうかん》(一六四九―一七一六)の『融通円門章』では、前述のような文言に訂正された。一人と一切との相即《そうそく》(対立するように見える事象・事物が一体であってかけ離れたものではないこと)とは、天台円教《えんぎょう》(完全、究極の教えを意味し、天台智顗は『法華経』を円教とした)の教理(「妙行とは一行一切行なり」『摩訶止観』)に即していることになる(梯信暁二〇一二)。

良忍の念仏は、後に「融通念仏」と呼ばれるのだが、生前からそのような名称で呼ばれていたわけではない。融通念仏なる用語が初めて登場するのは、良忍の死後十数年たってから成立した『三外往生伝《さんげおうじょうでん》』である(「大原律師覚厳夢。上人来告云。我過本意在上品上生。是融通念仏之力也」とある。『浄土宗全書・続6』)。京都の清涼寺《せいりょうじ》に伝わる念仏が、良忍の念仏を伝えるとされているのだが、「大念仏」と称されていた。良忍在世中は、おそらく「大念仏」と呼ばれていたようだ(蓑輪顕量二〇一五)。

このように本寺を離れた僧の隠棲場所であるとともに在地の人々の結縁・教化の場所でもある「別所」には、聖《ひじり》や上人を中心とする信仰集団が結成されることもあった。大原別所は、良忍以外にも多くの念仏者が隠棲して、院政末期には、天台浄土教の中心地の様相を呈した。

ほかに別所念仏集団では、真言宗の場合有名なのは、高野山別所における覚鑁《かくばん》（一〇九五―一一四三）である。彼は、仁和寺成就院《にんなじじょうじゅいん》の寛助《かんじょ》（一〇五七―一一二五）の弟子となり、南都に遊学して法相・華厳・三論を学んだが、高野山に入って念仏聖と交わるようになった。やがて鳥羽上皇《とばじょうこう》（一一〇三―一一五六）の庇護を受け、大伝法院《だいでんぼういん》を建立した。主著『五輪九字明秘密釈《ごりんくじみょうひみつしゃく》』では、極楽浄土とは真言教主「大日如来」の密厳浄土《みつごんじょうど》（大日如来の浄土。密厳とは秘密荘厳《ひみつしょうごん》の略で究極の境地を指す）であるとした。そして念仏とは三密の一つの口密《くみつ》であり、密教では一切如来はみな大日であるから、大日と阿弥陀とは一体だと論じた。長承《ちょうしょう》三年（一一三四）には金剛峯寺座主となった。

彼は東寺（教王護国寺《きょうおうごこくじ》。東寺真言宗総本山。嵯峨天皇から空海に下賜《かし》された）からの高野山独立をはかっていたが、旧勢力によって座主の座を追われた。ついに保延《ほうえん》二年（一一三六）、門人とともに山下の根来《ねごろ》に移った。大伝法院の荘園の一つである弘田荘内にあった豊福寺《ぶふくじ》に拠点を移し、新たに円明寺《えんみょうじ》を建て学門所とした。豊福寺・円明寺を中心として、一山総称としての根来寺《ねごろじ》（現・和歌山県岩出市）が形成されている。

しかし、以後も高野山念仏上人の活動は活発で、九条兼実《くじょうかねざね》（一一四九―一二〇七、関白）に崇敬された聖心《しょうしん》（仏厳《ぶつげん》、生没年不詳）を経て、いわゆる高野聖《こうやひじり》へと続いていく。なかでも、東大寺復興で著名な重源《ちょうげん》（一一二一―一二〇六）の念仏集団は重要である。重源は、醍醐寺で出家し、醍醐寺の下級僧侶として勤めたあと、五十代前半までには高野山に移り住んだ。そして、そこを拠点として各地の霊山を巡礼して修行している。信濃の善光寺や大阪の四天王寺でも百万遍念仏を行っている。

重源が、「南無阿弥陀仏」を自称し、阿弥陀仏号を与えるようになったのは、彼の『南無阿弥陀仏作善集《さぜんしゅう》』に「阿弥陀仏名付《ナヅクル》二日本国貴賤上下《ニ》一事《コト》、建仁《けんにん》二年、始《ハジメ》レ之《コレヲ》成《ナル》二廿年《ニ》一」（阿弥陀仏号を貴賤の人々に授けるようになって建仁二年（一二〇二）までに二十年）と記されているので、寿栄《じゅえい》二年（一一八三）ころからしい（養和《ようわ》二年（一一八二）に東大寺再建のための大勧進職に任じられている）。

このころ配下として五十余人の同朋衆《どうぼうしゅう》がいたといわれる。仏師《ぶっし》快慶《かいけい》も「安阿弥陀仏」を名乗った同行衆の一人だった。建久三年（一一九二）醍醐寺三宝院弥勒座像を最初の銘記として、それ以後建仁三年（一二〇三）まで制作した仏像に「（梵字アン）阿弥陀仏」と記すようになる（毛利久一九八七）。

重源集団の七昼夜の不断念仏は、高野山新別所（専修往生院）、東大寺別所、周防別所（阿弥陀寺）、播磨別所（浄土寺）、渡部（渡辺）別所で行われた。常行堂系の音楽的な引声《いんぜい》念仏ではなく、高野山系の六字名号を繰り返し称える高声《こうしょう》念仏だったらしい。念仏堂などで一日を六つの時間に分けて高声での不断念仏を称えることから、割り当てられた時間に念仏を称える念仏衆のことを「時衆」と呼ぶ事実が残されている（平経高《たいらのつねたか》（一一八〇―一二五五）の日記『平戸記《へいこき》』の仁治《にんじ》三年（一二四二）の項。大塚紀弘二〇一〇）。

ほかに、東大寺三論宗の永観《ようかん》（一〇三三―一一一一）、珍海《ちんかい》（一〇九一―一一五二）など南都の念仏者の拠点となったのが、南山城《みなみやましろ》（現・京都府木津川市）の光明山別所《こうみょうさんべっしょ》（光明山寺《こうみょうせんじ》。江戸期に廃寺）である。永観は、文章博士だった源国経《みなもとのくにつね》を父とし、禅林寺の深観に師事。その後東大寺東南院に入り、有慶に師事した。病弱のため、光明山別所に八年ほど隠棲したが、病癒えて禅林寺に戻り、東南院と称する庵をむすび、念仏三昧に入ったという。

主著は『往生拾因《おうじょうじゅういん》』（康和《こうわ》五年（一一〇三）撰）で、「一心に阿弥陀仏を称える」ことが往生極楽の因となる理由を十項目にわたって論じた書物である。往生のためには臨終正念《りんじゅうしょうねん》（臨終に際して心を正し、弥陀の来迎を願い、浄土への往生を願うこと）が必要で、そのためには「一心」を成就することだとするのである。さらに珍海は、『決定往生集《けつじょうおうじょうしゅう》』（康治《こうじ》元年（一一四二））において、「称名は正中の正なり」と論じた。

速水侑（一九八六）は、永観の念仏について「称名の価値の理論づけを真言陀羅尼《しんごんだらに》的名号信仰をもってした」ところに「院政期浄土教の念仏理論の限界をみることもできる」とした。しかし、蓑輪顕量（二〇一五）は、永観が「真言、止観の行は道、幽にして迷いやすく、三論、法相の教えは理、奥にして悟り難し」と書いていることに注目する。真言

（空海が伝えた真言宗の中核）と止観（鑑真が伝え、最澄が発展させた天台宗の中核）が「行（修行）」として意識され、奥深く迷いやすいとされる。対するに、三論と法相は、「教（理論）」の代表として、奥深く悟りがたいものとされている。このような認識は、中世仏教における「易行《いぎょう》（易しい行、つまり念仏）」認識につながっていく上で重要だと言うのである。つまるところ、南都仏教でも称名に重きを置いた伝統があったことを見逃してはならない。

聖と沙弥の念仏

さらにここで、大坂の「四天王寺」（現・大阪市天王寺区四天王寺）の念仏集団について触れておく。四天王寺は、聖徳太子によって建立されたとされるが、次第に寺としての勢いを失い、天台宗の末寺となっていた。ところが、四天王寺の伽藍から西方を観ると、当時はその向こうに難波《なにわ》の海（現在の大阪湾）が迫っていて、太陽が海に没する有様が来迎の光景を見るようであったため、一躍注目を浴びるようになっていたのである。

こうして寺の西門を極楽の東門とみなすようになって、四天王寺は、いつしか浄土教の聖跡となった。院政期になると、西門の外、鳥居の内に八幡《はちまん》念仏所が設けられて、百万遍《ひゃくまんべん》念仏《ねんぶつ》の興行があった。すなわち、久安《きゅうあん》二年（一一四六）から五年頃にかけて、出雲鰐淵寺《がくえんじ》（現・島根県出雲市別所町。推古朝に創建、平安期に天台宗に改宗。神仏習合により出雲大社とも関係が続いた）出身の出雲聖人が、「八幡念仏所」をかまえ、百万遍念仏を興行した。鳥羽上皇らも参加して、念仏衆が組織され、念仏衆は千人を超えるほどの半永久的な催しであった。さらに久安五年には鳥羽上皇によりこの念仏所は、天王寺念仏三昧院《さんまいいん》へと発展した。

井上光貞（一九七五）は、この四天王寺念仏の指導者としての出雲聖人について、おそらく二人か三人いたのではないかと推測している。永暹《えいせん》上人とみられる上人と、鳥羽上皇の帰依を受けた上人、それ以外にもいたらしい。永暹上人は、諸国勧進《かんじん》の遊行者であったらしい。鳥羽上皇の帰依を受けた上人については、藤原頼長《よりなが》（一一二〇―一一五六、左大臣）は、その日記『台記《たいき》』のなかで「非正直」で「勇猛之念仏」であると批判している。

井上は、この「勇猛之念仏」こそ、後に法然が「否」と否定したものであり、四天王寺念仏集団は、呪術宗教的な民間浄土教の流れだと断ずる。そして、講を中心として発展したこのような民間浄土教こそは、法然の教団形成への過渡的形態を示すものだとする。

ここで、問題となるのは、いわゆる「聖」などと呼ばれた民間宗教者をどのように評価すべきなのか、という点であろう。井上光貞は、橋川正《ただす》（一九三二）の「持経者《じきょうしゃ》」「聖《ひじり》」「沙弥《しゃみ》」という分類を踏襲する。

「持経者」とは、経（法華経）を常に持参して称え、山林霊場で厳しい修行をする出家者を指した。在家者も含め、国家の公認を得ない私度僧《しどそう》（官の許可なく私的に得度して僧尼になる）が多い。

「聖」は、その語源は「日知り」で、太陽が世の隅々《すみずみ》まで照らすようにこの世のことをすべて知る（「日のように天下の事物を知る人」〈『大言海』〉）という意味である。当初は、儒教の聖賢の概念に近く、「聖帝世《ひじりのみよ》」（『古事記』）、『万葉集』の柿本人麻呂《かきのもとのひとまろ》の歌にある「日知之御世《ひじりのみよ》」など天皇などに関して用いられた。十世紀初頭の延喜《えんぎ》のころまでは、「聖」概念は、一定していなかった。①儒教的な聖賢の意味に近いもの、②非凡なもの、③神聖で測り知れないもの、④行業や験力《げんりき》（修行で得られる特殊な力）がすぐれたもの、という四つの形があった（菊地勇次郎二〇一四「聖について」）。

次第に、仏教大寺院の高僧と異なり山岳で修行する僧、橋を架けたり、道路を修繕するなどの修行僧、人里離れて隠遁する僧などが敬意を込めて「聖」と呼ばれるようになった。代表的な聖が「空也」で、阿弥陀聖、市聖と呼ばれた。集団で住む場合は、前述した「別所」に住んだ。

「沙弥（女性は沙弥尼《しゃみに》）」は、本来は、僧に従って雑用を勤めながら修行し、その後に戒律を授かって僧になる者のことを言う。橋川正によれば、七歳から十三歳までを「駆烏《くう》沙弥」、十四歳から十九歳までを「応法《おうほう》沙弥」、二十歳以上を「名字《みょうじ》沙弥」とした。寺院の堕落を嫌って受戒せずに、一生名字沙弥に終わったのが、往生伝にあらわれる沙弥である。

その後、日本では正規の手続きを経ない出家者を「私度の沙弥」、僧の身なりをしていても、妻子があり仕事に就いている者を「在家の沙弥」と呼んだ。

ここで、僧の位階制について説明しておこう。古代律令制国家では、僧尼統治政策として「得度《とくど》」「受戒《じゅかい》」の制度が存在した。

①　在家の信者の優婆塞《うばそく》（男性）、優婆夷《うばい》（女性）。
②　入門儀礼（「得度」）を経て修行者となる沙弥と沙弥尼。
③　具足戒《ぐそくかい》（僧尼の組織内で守るべき戒律。比丘《びく》は二百五十項目、比丘尼《びくに》は三百四十八項目）を授かって戒律護持を誓う通過儀礼としての「受戒」を経た一人前の男性の僧（比丘・沙門《しゃもん》）と女性の尼（比丘尼）。

この三つの階梯をそれぞれ男女別に分け、さらに沙弥尼と比丘尼との間に「式叉摩那《しきしゃまな》」という中間的な位が設けられた。この七つのカテゴリーが、仏教教団を形成する「七衆《しちしゅ》」である。そして、律令制国家は、得度に際して「度縁《どえん》」、受戒の時に「戒牒《かいちょう》」という証明書を出し、この過程を経て僧尼となったものを「官僧」として公認した。前にも少し触れたが、奈良時代には毎年得度を許される（年分度者《ねんぶんどしゃ》）のは、十人に過ぎなかった。従来、この年分度者制度は、中世に至って衰微したとされた。だが、松尾剛次《けんじ》（一九九八）によって、中世に至っても十分に機能していたことが指摘されている。

これに対して、天台宗を開いた最澄は、中国における大乗戒運動の流れを受けて、南都仏教が守る具足戒を小乗仏教の戒律だとして、強く否定した。『梵網経《ぼんもうきょう》』の十重四十八軽戒《じゅうじゅうしじゅうはちきょうかい》（十の重い罪に対する戒と四十八の軽い罪に対する戒）を大乗仏教の菩薩戒《ぼさつかい》（菩薩（悟りを求める衆生）を特色づける戒）だとして、独自の戒壇を延暦寺に建立することに尽力した。そして最澄の死後、延暦寺では大乗戒壇の設立が実現して、国家的な制度のなかで正規の僧侶を生み出すことが可能になったのである。この結果、最下位に位置づけられていた「優婆塞」を一人前の僧侶として認知させることが可能になった。

さて、一方で、僧侶間の位階制は着々と整備された。僧侶のランクづけと官職が一体化し、官僧たちは、教学を通じて組織内出世を志向するようになった。これに対し、寺院内に世俗のような出世志向が生まれたことに嫌気がさして、寺院内の世間から離脱した世界（出世間）を形成するグループが生まれてくる。これが「遁世《とんせい》」であった。そこで注目されるようになったのが、世俗を離れた山林などで修行していたかつての優婆塞の世界である。寺院社会の世間から離脱し、もっぱら山林修行を行う実践者があらわれるようになった。前述したように、源信が影響を受けた性空《しょうくう》も、筑前国《ちくぜんのくに》背振山《せふりやま》で修行し、その後播磨国《はりまのくに》書写山で活動している（菊地大樹《ひろき》二〇一一）。

松尾剛次（一九九八）は、この国家的得度制、受戒制の支配下にある僧侶を「官僧」と呼ぶ。そして一度得度、受戒したのち二重出家（国家体制からの離脱）をした僧侶を、聖・沙弥など「民間布教者」と区別し「遁世僧」と呼んでいる。

これに対して特定の寺院に所属して寺務をこなしつつ修学をして、出世をめざす官僧を「交衆《きょうしゅう》」と言う（蓑輪顕量二〇一五）。十二世紀前半には、修学志向に対抗する実践修行者の集団が出てきて、彼らは「堂衆《どうしゅう》」と呼ばれた。

さて、橋川正の分類では、「即ち聖の系統よりは源空が出て浄土宗を開き、沙弥の流れよりは親鸞が出て浄土真宗を唱え、持経者の群よりは日蓮が出て法華宗を叫んだ」ことになっている。これを継承した井上光貞は、平安末期には、聖や上人のほうが既成教団の大僧よりも信仰の対象としては重きをなすようになるとした。「聖の宗教活動は古代国家の解体・民衆的世界の向上を背景とする」と指摘した。つまり、井上は、聖集団を国家権力の枠外の存在（外的存在）ととらえていたのである。

これに対して、黒田俊雄（一九七五）は、「顕密体制《けんみつたいせい》」論の立場から、聖もまた国家体制の内側に囲い込まれていたものとしている。黒田は言う。

「したがって、中世的な聖の成立ということは、密教によって統合された宗教思想の一種として念仏が成熟したことを意味するといってよい。ただしそれが真言の修法ではなく念仏の行である以上、この密教的統合の第二段階ともいうべき浄土教の盛行が天台系のイニシアチブによる結果であることは、明らかである」。
「密教による統合過程のなかでの天台的な達成」としての浄土教という黒田の立論の根拠となる「顕密（顕教・密教）体制」について、ここで少し説明しておきたい。

「顕密体制」とは、すでに少し述べておいたように、九世紀における真言密教による「鎮護国家」を基軸にした全宗教統合から始まり、天台系浄土教の発展（第二段階）、さらに王法《おうぼう》・仏法相依《ぶっぽうそうい》思想の成立（十一・十二世紀）に至る宗教秩序の体制のことである。

「顕教《けんぎょう》」とは、空海によれば、一般の人々（衆生）を教化するために姿をあらわした釈尊が、衆生の能力に応じてわかりやすく説いた仮の教えのことを言う。それが法華経や華厳経などである。「密教」は、真理そのもののあらわれである大日如来が自ら味わうために示した究極の教えとされる。これに対して、天台宗の密教（台密）では、法華思想と密教とは異質のものではなく、相通じるものがあるとされ、独自の密教となった。

ともあれ、九世紀から十世紀にかけて、日本仏教の密教化が進み、その過程で、神仏習合の進展（神宮寺の創立、仏法の守護神としての護法善神《ごほうぜんじん》の成立）と本地垂迹《ほんじすいじゃく》思想とが生まれ、十一世紀になると王法・仏法相依論に基づいて、仏教が宗教秩序を統合して王権体制を支えるシステムが出現する。神宮寺についてはすでに説明したが、「護法善神」について説明しておく。

寺院の守護神（鎮守神《ちんじゅしん》）として神を請い迎えて祀《まつ》る（勧請《かんじょう》）典型例としては、八幡神《はちまんじん》が有名であろう。八幡神は、豊前国《ぶぜんのくに》宇佐《さ》（大分県宇佐市）に発する神（朝鮮半島の新羅《しらぎ》からの渡来集団がもたらした）である。奈良時代の天平勝宝《てんぴょうしょうほう》元年（七四九）十二月、朝廷は、大仏の鋳造が完成したばかりの東大寺に八幡神を迎えて歓迎式典を催した。この時に八幡神は、東大寺の鎮守という地位を得たとされる。門屋温《かどやあつし》（二〇一〇）は、おそらく八幡宮とそれを支える豪族が、大陸との流通拠点をおさえていた関係で、銅や金、水銀などの大量の資材を提供できたからだろうと推測している。天応《てんおう》元年（七八一）には「護国霊験威力神通大《ごこくれいげんいりょくじんづうだい》菩薩《ぼさつ》」の号を与えられ、さらに延暦《えんりゃく》二年（七八三）に「護国霊験威力神通大自在菩薩」と称した。略して「八幡大菩薩」と呼ばれるようになる。

さらに、高野山金剛峯寺の鎮守である丹生明神《にうみょうじん》と高野明神や比叡山の鎮守である日吉《ひえ》神社などは、その地にもとからいた神（地主神）が地位を明け渡すか、土地を提供して帰依する形をとった。また「招来型鎮守神」として、仏法を守るために大陸から渡ってきた神が鎮守となる園城寺《おんじょうじ》（三井寺《みいでら》）の新羅明神《しんらみょうじん》などもある。神仏習合が進展して十一世紀末になると、神社で御読経所《みどきょうじょ》ができて、法会《ほうえ》なども行われ、境内に仏塔が建立されてゆくのである。

さらに本地垂迹説は、もともと中国仏教のなかにあったのだが、それを日本側で受容したものである。吉田一彦（二〇〇六）は、「垂迹」という用語は延暦十七年（七九八）の史料が初出だと思われるが、「本地」は、十一世紀後半になって用いられるようになったと言う。しかも「本地」は、「本覚」と同じ意味として用いられており、おそらく「本覚」のほうが先に使用されている。したがって、本地垂迹思想は、十一世紀中頃から後半に成立し、十二世紀に確立したものらしい。

本地とは、ものの本来のあり方、本来の境地のことで、仏や菩薩の本来の姿を言う。仏や菩薩が、衆生《しゅじょう》を救うために迹《あと》を諸方に垂《た》れて神となってあらわれるというのが本地垂迹思想である。たとえば、八幡神の本地は、最初は、「釈迦《しゃか》三尊《さんぞん》」であるとされた。だが、その後十一世紀の半ばには「阿弥陀三尊」に変わっている。そして、伊勢神宮の祭神天《あま》照大神《てらすおおみかみ》の本地は、十一世紀後半に成立した『大神宮諸雑事記』のなかでは、「大日如来《だいにちにょらい》」とされた。

このように神社も統合し、政教一致のイデオロギー装置として成熟してきた「顕密体制」のなかでは、逸脱した修行などを行った民間の聖や沙弥は、呪術的な力を持つ存在、個別の人々を救いとる聖者として一定程度の影響力をもっただろう。だが、やはり既成教団の土台を切り崩すような存在ではありえなかった（大隅和雄二〇〇五）。

こうして、新しい動きは、既成教団から離脱（二重出家）した僧（遁世僧）たちの間から生まれることになるだろう。

法然——比叡山黒谷から

法然坊源空《ほうねんぼうげんくう》（一一三三—一二一二）は、美作国久米南条稲岡荘《みまさかのくにくめなんじょういなおかのしょう》（現・岡山県久米郡久米南町《くめなんちょう》）。法然の弟子の熊谷直実《くまがいなおざね》によって建てられたという浄土宗の誕生寺《たんじょうじ》にちなんだ津山線の誕生寺駅がある）に生まれた。幼名を勢至丸《せいしまる》という。父親の漆間時国《うるまときくに》は、久米の押領史《おうりょうし》（反乱鎮圧や凶賊追討の任にあたる役人）だったが、源空が九歳の時に預所《あずかりしょ》（荘園の年貢徴収などを行う役人）の明石源内定明《あかしげんないさだあき》の夜襲にあって命を落とした。

そのとき父は、勢至丸に「汝会稽《なんじかいけい》の恥をおもひ、敵人《あたびと》をうらむる事なかれ、これ偏《ひとえ》に先《さき》世《よ》の宿業《しゅくごう》也。もし遺恨をむすばゝ、そのあだ世々につきがたかるべし。しかじはやく俗をのがれいゑを出で我菩提をとぶらひ、みづからが解脱を求《もとむ》には」（敵に敗れたことを恥じ、怨んで復讐などするな。復讐すれば遺恨が続き、やむことがない。出家して私の菩提をとむらいながら自分の解脱をもとめてほしい）と遺言したという（『法然上人絵伝（上）』）。

勢至丸（源空）は、叔父にあたる天台宗・菩提寺《ぼだいじ》の住職観覚《かんかく》にあずけられた。天台の僧として歩む運命となった勢至丸は、天養《てんよう》二年（一一四五）、十三歳となった。このとき、観覚は、勢至丸を比叡山延暦寺の西塔《さいとう》、北谷《きたたに》の持宝坊源光《じほうぼうげんこう》のもとに送った。いまだ有髪のまま、源光の喝食《かっしき》（食事の時に進め方などを伝える役割。童子などの食事の世話係も指す）をつとめたのだろうと思われる。

その後まもなく、久安《きゅうあん》三年（一一四七）、源光のすすめで功徳院《くどくいん》の阿闍梨《あじゃり》皇円《こうえん》の弟子となって受戒した。皇円は、関白藤原道兼《みちかね》（九六一―九九五）の四世の孫（兼隆―定房―重房―重兼）、豊前守重兼の子である。また後に法然の弟子となった隆寛《りゅうかん》（一一四八―一二二七）の伯父であった。そのもとで修行をして三年、久安六年（一一五〇）、黒谷《くろだに》の慈眼坊叡空《じげんぼうえいくう》（?―一一七九、大原別所にいた良忍に天台浄土教を学び、良忍から円頓戒《えんどんかい》を相承した）の弟子となっている。もともと黒谷は、正暦《しょうりゃく》（九九〇―九九五）の頃、西塔の明秀という聖が隠遁した比叡山の別所（黒谷別所）であった。

この頃、公家社会の動きが、直接間接に比叡山の勢力図に影響を与えていた。そのため、そうした縁故につながらない僧は、出世からはずれた。皇円や源光も中枢ではなかったし、地方武士の息子である源空も山内で出世する背景があるはずもなかった。

黒谷に隠遁した源空は、経蔵にこもり、一切経を読むこと数遍に及んだという。師の叡空は、「少年の身で早くも菩提心をおこした。まことに法然道理（もろもろの現象があるがままの姿をしている）のひじりである」として、ここから「法然」の語を、さらに源光と自分の名前の空をとり、「法然坊源空」の名前を授けた（田村圓澄一九五九a、菊地勇次郎二〇一四「源空（法然）の生涯」）。

保元《ほげん》元年（一一五六）嵯峨の釈迦堂清涼寺《せいりょうじ》に参籠《さんろう》し、さらに奈良におもむき、蔵俊僧都《ぞうしゅんそうず》、権律師《ごんりつし》寛雅《かんが》、仁和寺《にんなじ》の大納言法橋慶雅《ほっきょうけいが》から法相、三論、華厳を学んだと伝えられる。そして黒谷に帰った源空は、また別所での隠遁生活に戻っている。

ところで、源空が隠遁生活を送っていた頃の世情の混乱や山門の騒乱について触れておく。そもそも、源空が清涼寺に参籠していた保元元年には、「保元の乱」が起こり、崇徳上皇が讃岐に流罪にされている。三年後の平治《へいじ》元年（一一五九）には、「平治の乱」が起こって、源氏勢力を一掃した平清盛が勢力を増大させている。

伊藤正敏（二〇〇〇）が掲げている長寛《ちょうかん》元年（一一六三）から永万《えいまん》二年（一一六六）までの比叡山の混乱状況をみてみよう。延暦寺は、東塔・西塔・横川の三つの地区（三塔《さんとう》）からなり、それが十六の谷に分かれて、そこに僧たちが住む子院《しいん》があった。

長寛元年　六月　延暦寺僧徒、園城寺を攻め、金堂を焼くが、園城寺側も反撃。
　二年　十月　大衆《だいしゅ》（一般僧侶たち）、天台座主《ざす》快修の本坊を壊して座主を追放。
永万元年　八月　延暦寺僧徒、清水寺焼き討ち。延暦寺、興福寺（清水寺の本寺）が争う。
　十二月　子院同士の合戦、翌年二月まで殺害が続く。大衆、座主の房（居住建物）を壊す。

二年　東堂仏院政所《ふついんまんどころ》・小谷岡本に城郭が築かれる（史上初めての城館。武士よりも早い）。

年中、比叡山内で武力衝突騒ぎが起こった。トップにあたる座主が攻撃されて叡山から追われたりする騒ぎまで起こっている。伊藤によれば、『天台座主記』には、こうした慢性的紛争状態が十五世紀まで記録されている。同じような武力闘争や紛争は、興福寺でも高野山でも起こるようになっていく。

伊藤は、中世寺院を隠遁生活の僧（二重出家）の側（絶対的少数者）から観てはならないとする。中世の寺院は、最先端の仏教学だけではなく、最先端の科学技術の粋を集め、多くの技術者・芸能者の集結する場所でもあったのだ。医学、土木、農業、武器製造（たとえば戦国時代の根来寺などは、堺・近江国友と並ぶ三大鉄砲生産地）などの専門技術者がおり、大規模な商業活動が行われていた。

金融業も盛んであった。保元の乱後に、後白河天皇は、「保元新制」と呼ばれる法律を出し、そこでは「諸寺《しょじ》諸山《しょざん》悪僧《あくそう》濫行《らんぎょう》の事」として「夏衆《げしゅう》・彼岸衆《ひがんしゅう》・先達《せんだつ》・寄人《よりうど》」と呼ばれる下級僧侶・神官の金融活動（出挙《すいこ》・高利貸活動）が非難されている。遁世は、このような世界から自らを切り離す役割をもっていた。法然坊源空の黒谷別所での研鑽は、こうした俗世間化した比叡山体制の超克への道筋であったのかもしれない。

専修念仏と法難

承安《じょうあん》五年（一一七五）、四十三歳のとき、法然は善導の『観経疏《かんぎょうしょ》』の「散善義《さんぜんぎ》」のなかの一節に出会い、これを三度読み返した。

「一心に専《もっぱ》ら弥陀の名号を念じて、行住坐臥《ぎょうじゅうざが》、時節の久近《くごん》を問わず、念々に捨てざるもの、これを正定《しょうじょう》の業《ごう》と名づく。かの仏の願に順ずるが故に（一心専念弥陀名号、行住坐臥不問時節久近、念々不捨者、是名正定之業、順彼仏願故）」（『法然上人絵伝（上）』）。

ここは、善導が、行を「正行《しょうぎょう》」と「雑行《ぞうぎょう》」とに分け、正行五種のうち他の四種（読誦《どくじゅ》・観察《かんざつ》・礼拝《らいはい》・讃歎供養《さんだんくよう》）を助業《じょごう》としたうえで、一日中、歩いていても座っていても時間の長短を問わず、もっぱら念仏を称える「称名」を、阿弥陀仏の願いにしたがって「正定業（往生の因と定められた行業）」としたという一節である。

法然は「末世の凡夫弥陀の名号を称せば、かの仏の願に乗じて、たしかに往生をうべかりけり」という論理がひらめいたのである。そして、慈眼坊（叡空）に「称名より優れた行はない」と述べて、従来の「観想念仏（観想）」の立場を主張する叡空と対立する。こうして源空は、比叡山を出て、西山《にしやま》の広谷《ひろたに》（現・京都府長岡京市粟生《あお》西条にある西山浄土宗総本山・光明寺《こうみょうじ》の山の後方）というところに移り、さらに東山の吉水《よしみず》（現・京都市東山区の浄土宗総本山・知恩院付近）に移り住んだ。

文治《ぶんじ》二年（一一八六）、後に第六十一代天台座主となる顕真《けんしん》（一一三一—九二）の招きにより、大原別所勝林院《しょうりんいん》で、顕真、天台の証真《しょうしん》（生没年不詳、宝地房、天台教学の復興につとめ、後に叡山の総学頭）、三論の明遍《みょうへん》（一一四二—一二二四、真言密教に通じ、念仏者としても著名）、法相の貞慶《じょうけい》（解脱房《げだつぼう》、一一五五—一二一三）、東大寺造営勧進職《ぞうえいかんじん》の重源（東大寺復興の功労者）らの前で、法然は念仏の功徳と阿弥陀仏の本願の主旨を明らかにした。これを「大原問答（大原談義）」と言う。さらに文治六年（一一九〇）、東大寺の重源から招きを受けて、再建工事中の東大寺で浄土三部経を講じている。

さらに建久《けんきゅう》九年（一一九八）、関白九条兼実に依頼されて『選択本願念仏集《せんちゃくほんがんねんぶつしゅう》』（浄土真宗では、選択をセンジャクと読む）を撰述する。『法然上人行状絵図（法然上人絵伝）』によると、最初に安楽房遵西《あんらくぼうじゅんさい》（?—一二〇七、建永の法難で死刑）に筆記を頼んだ。だが、法然がその名聞欲《みょうもんよく》を察して彼をやめさせ、次に真観房感西《しんかんぼうかんさい》（一一五三—一二〇〇）に頼んだ。そして、筆跡から三人目の筆記者がいたことは確かで、後に善恵房証空《ぜんねぼうしょうくう》（一一七七—一二四七）であったことが明らかになっている。

この頃から、法然一門への攻撃が活発となってきた。元久元年《げんきゅう》（一二〇四）比叡山の衆徒が、天台座主に対して、専修念仏《せんじゅ》の停止《ちょうじ》を訴えたため、法然は、延暦寺に背かないという起請文《きしょうもん》を送り、弟子たちにも行動を慎むようにいさめた（「七箇条制誡《しちかじょうせいかい》」）。一度はおさまったかに見えたが、元久二年十月、興福寺の僧綱《そうごう》（仏教行政を統括する官僧職）らが、朝廷に対して専修念仏停止の訴えを起こした。これが「新宗を立つる失」など九条からなる『興福寺奏状《こうふくじそうじょう》』である。起草者は、解脱房貞慶だったとされる。

結局、建永《けんえい》二年（一二〇七）二月に法然門下への一斉検挙がなされた。安楽・住蓮《じゅうれん》・性願《しょうがん》・善綽《ぜんしゃく》の四名が死刑、法然含め八名が流罪とされた。しかし、幸西《こうさい》（成覚房《じょうかくぼう》、一一六三―一二四七）と証空が前天台座主・慈円の身柄預かりとなって流刑をまぬがれ、結果として法然・親鸞など六名が流刑となった（建永の法難。浄土真宗ではこれを承元《じょうげん》の法難と呼ぶ）。このとき、当時全く無名だった親鸞が、なぜ流刑になったのだろうか。平雅行（二〇一一）は、興福寺側が二月上旬に出した流罪リストのなかで「諸行往生を否定する僧」、つまり過激な弟子として認定されたためとする。これに対する異説は後に紹介する。

法然は翌年二月に四国土佐に遠流《おんる》が決まった。だが、その年の内に恩赦が決まり、四国から摂津に戻り、箕面《みのお》の勝尾寺《かつおじ》（現・大阪府箕面市、高野山真言宗）に入っている。東山吉水に戻ったのは、建暦《けんりゃく》元年（一二一一）十二月のことであった。すでに病状が悪化していて、翌年一月二十五日に入寂《にゅうじゃく》している。

「革命」としての法然浄土教

法然については、町田宗鳳《そほう》（一九九七、一九九八）が、キリスト教における宗教改革の指導者マルティン・ルターに匹敵すると指摘するが、どこがそれほど革命的だったのだろうか。実は、法然ほどその思想を確定することが難しい宗教者はいない。論者によって、さまざまに議論が異なるのである。

平雅行（一九九二）は、「確実な史料においてすら、全く相反する法然像を構成することが可能なほどの、法然自身の思想・行動の複雑さ」を指摘する。だが、まずは、平雅行による問題提起以降の近年の議論の整理をしてみよう。平は、一九七九年に発表された論文「法然の思想構造とその歴史的位置」において、法然思想について独自の優れた要約をしているので、そこから紹介したい。

① 教相判釈《きょうそうはんじゃく》（教判《きょうはん》と略称。中国仏教では、釈尊の思想を経典の順序を整理して把握しようとする学問だが、日本では各宗派の思想的根拠や正統性について仏典を整理しながら強調する作業）。

教判においては、法然は諸宗を否定していない。聖道門《しょうどうもん》（凡から聖への自力の修行）を否定したとされるが、浄土門に志のある人に対して聖道門を捨てることを勧めているにすぎない。聖道門と浄土門との対立構図は、いまだ相対的なものであって、宗教的平等思想に向けての確立をめざす段階だった。

顕密仏教による罪業観・悪人観にとらわれていた人々に対して、「あなたがたは善人なのだ（まだ末法の初めの人間だから末法の終わりの人間に比べたらはるかに善人だ）」と語ることで、イデオロギー的呪縛（私は堕落したダメな存在だ）から解放したのである。

② 選択本願念仏説について。

弥陀は、すべての人々を平等に救済するために、難行である諸行を捨てて、誰にでも可能な称名を往生のための行として選択したのだとする。念仏を選ぶ主体は、行者ではなく、弥陀そのものにある。さまざまな修行の形が並んでいて、それを自分の判断で選んだとするなら、それはその人間が、ほかよりいいとして選んだにすぎない。

だが往生を望む人間には、阿弥陀仏が選んだただ一つの形態しかない。称名念仏こそが唯一の絶対的な選択なのだ。「念仏は弥陀の本願だから念仏を称えるだけで往生できる」（本願念仏）のではなく、「弥陀が選択した唯一の行だから、念仏以外では往生できない」という思想である。

専修念仏とは、念仏を専修すること以上のもの、選択本願念仏に対する絶対的信頼の表明にほかならない。すなわち、諸行往生の思想を否定している。

浄土門が善人から悪人まで、賢者から愚者まで一切の人間を対象としていればこそ、この選択本願思想による絶対的一元化こそが平等思想たりえた。選択本願念仏説は、特定の者しか行えない「行」から、誰でも可能な「信」への転換を生んだのだ（ただし、まだ「信」に純化されていない曖昧さが残る）。ほかの行（余行）は無価値だという断定こそが、既存の宗教的イデオロギーを無効化し、人々の精神的自立を促した。

③　浄土宗立宗の意義。

天台宗では凡人の往生を許しているが、その浄土は「凡聖同居《ぼんしょうどうご》（凡夫と聖人の同居）」の「化土《けど》（衆生のために仮に出現した浄土）」であり、法相宗では、浄土は「報土（自らの報いによって得られる国土）」だが、凡夫往生を許していない。善導の教えに従って浄土宗を立てなければ、凡入報土（普通の人々でも報土に往生できる）という理念はあらわれない。だからこそ浄土宗を立てたのだ。浄土往生を中心テーマとする経典が浄土三部経だけであるからこそ、ほかの一切の諸経典の浄土往生論を否定したのである。

④　法然思想の問題点（論争化した問題）。

他宗派について否定はしていないから、諸神諸仏への現世の祈りを容認しているし、九条兼実との交流のなかで病悩平癒《へいゆ》の受戒をしているのも不思議ではない。ただこの事態を放置せず、専修念仏へと導いてゆくための方便として提示されたのが「現世利益《げんぜりやく》」である。

一念多念（一度か多数の念仏か）の議論においても、どちらも等価だと言いながら、何度も称える身体的な行為を信心の表現とみなすなど一定していない。また顕密仏教的世界像から完全に脱却してはいなかった（蓑輪顕量二〇一五）は、法然が一日に六万遍、七万遍の念仏を称えていたエピソードから、天台の三昧という行の意識をもちつづけていたのではないかと推測する）。

だからこそ、弟子たちの間で分裂（「安心《あんじん》派（一念義《いちねんぎ》）」や「起行《きぎょう》派（多念義《たねんぎ》）」など）が生まれたのではないか。

平のこの論考は、今なお斬新さを失わない傑出した論考である。彼は、日本仏教史上での法然の登場による「認識論的切断」（ガストン・バシュラール）を指摘したのである。フランスの科学哲学者バシュラールのこの概念は、哲学者ルイ・アルチュセールによって精密化されて広く知られるようになった。少し説明しよう。

たとえば、「電話」という言葉を取り上げる場合、その言葉の文献学的な発生やら装置の技術的開発などを調べれば、わかったような気分になってくる。だが、「電話」（固定電話から現代のスマートフォンまで）という言葉は、それを使っている恋人同士や、技術開発している技術者など立場の異なる人間にとって、その言葉を聞いたときの心理的な受け止め方は、それぞれ違うのではないか。

このような人々の社会心理的反応の違いなども考慮しなければ、「電話」についての「科学的概念」は生まれない。科学的認識を阻《はば》む、このような世間的常識や既成知識によって形成されている「思い込み（固定観念）」を「認識論的障害」と呼ぶ。

たとえば、近代の科学的精神がどのように生まれたのかを知りたいとする。十八世紀の錬金術書やら実用書、料理書などはゲテモノだと思われがちだが、そうした過去に流通していた偽科学書こそ、新しい科学的精神の誕生を語るための必要な素材（認識論的障害物）である。新しい認識が生まれるのは、「時代のまっただなか」であって、このようなイデオロギー的な障害物を切断して新しい認識が生まれる状況を「認識論的切断」と呼ぶのである。さらに二度と後戻りできない不回帰点（決定的な切断点）が生まれることを、ルイ・アルチュセールは、「認識論的断絶」と呼んだ（桜井哲夫一九九六）。

法然は、日本仏教の「常識」を切断したからこそ、激しい敵意を招くことにもなった。華厳宗の僧・明恵《みようえ》（諱《いみな》は高弁《こうべん》、一一七三―一二三二）が書いた『摧邪輪《ざいじやりん》』や『摧邪輪荘厳記《しようごんき》』の激しい敵意はよく知られている。菩提心こそ「正行」で、称名は「助行」なのに、菩提心を否定するとは、まさに法然こそ「近代法滅《ほうめつ》の主」であり、お前は「畜生のごとし」だと罵倒したのである。

ところで、ルイ・アルチュセールは、理論的テキストを読むときに必要なものとして

「プロブレマティック（問いかけの構造）」という概念を提示している。どのような時代に生きている者も、その時代の常識や政治・経済・社会の体制に影響を受けているという事実（思考の図式＝問いかけの構造）を認めたうえで、その前提を疑うことから新たな読解が始まる。法然も、平家から源氏へ政治権力が移り変わる乱世、寺院体制の腐敗、民衆の大量死が日常化する時代に生きてきた。おそらく法然は、何らかの外部からの衝撃のなかで、イデオロギー的な枠組み（自分のものの見方を決定する読解格子《こうし》）から離脱できたのだろう（桜井哲夫（二〇一一）第四章を参照）。

法然が、何十回も読み込んできた善導のテキスト（『観経疏』）を、それまで彼を呪縛してきた天台教学から解き放たれて新しい視座で見直したとき、そこに発見があった。当時の優等生の解脱房貞慶や明恵には見えないものが見えた。田村圓澄（一九五九ａ）は、法然の回心の時期について、晩年だとか長い遍歴期間があったとする説を一蹴する。「立《たちどこ》ろに余行を捨てて、云《ここ》に念仏に帰す」とある『選択集』の末尾の文を引いて、「聖道門と訣別するか否かの、二者択一の決断は、瞬時において成立した」とする。

また、町田宗鳳（一九九八）は、この法然のテキストとの出会いを、十六世紀初め、アウグスチノ修道院の塔のなかで、「ローマ人への書簡」一章一七節に遭遇したときのルターの体験（「塔の体験」）と比較している。

ところで、念仏は、能力のない劣った人間が行うものであって、なぜ能力のある人間にも念仏以外にないなどと言うのだ、と明恵は非難する。このように明恵が論じた念仏のイメージは、では一般的にはどのようなものだったのだろうか。

鎌倉時代に臨済宗の無住道暁《むじゆうどうぎよう》（一二二六―一三一二）という遁世僧が書き残した『沙石《しやせき》集《しゆう》』（弘安《こうあん》六年（一二八三））という説話集のなかに、念仏にまつわるエピソードが書かれている。

町《まち》の局《つぼね》と呼ばれる裕福な女性に仕えていた少女がおり、念仏を信じて毎日称えていた。町の局は、縁起をかつぐひとであった。正月元旦に、その少女が給仕をしていて、何気なく「南無阿弥陀仏」とつぶやいたのを聞いた。「縁起でもない、人が死んだときに称える念仏を称えるなんて」と烈火のごとく怒り、銅銭を真っ赤に焼いて少女の頬《ほお》に押しつけた。

その後、持仏堂に入って、本尊の阿弥陀如来を仰ぎみると、仏の顔に黒い銭の跡がついている。女の子につけた銭の形と同じであった。少女を呼んで、顔を見ると傷は一切なかった。仏の見えない力を感じた女主人は、懺悔して仏師を呼んでその傷を消させようとしたが、消えなかった。

大隅和雄（二〇〇二）は、このエピソードについて、念仏は死者を極楽往生させるために称えるものだから、生きている人間に向かって称えるのは縁起が悪い、と思われていたとする。

よくよく考えてみると、このエピソードは実に興味深い。裕福な町の局は、阿弥陀如来を持仏堂に安置していたわけだから、阿弥陀仏を礼拝の対象としていたことは確かである。だが、ほかの菩薩や神々も信じていたのだろう。一方、身分の低い少女にとって、阿弥陀仏は唯一の礼拝すべき存在（絶対他者）だったのである。

ここで、平が、法然の選択をこう論じたことを思い起こしていただきたい。「念仏は弥陀の本願だから念仏を称えるだけで往生できる」（本願念仏）のではなく、「弥陀が選択した唯一の行だから、念仏以外では往生できない」のだ。

ここにこそ「すべての人々の平等往生」への逆転の発想がある。これを既存のテキストの読解格子（イデオロギー的土台としての教学）のもとに生きてきた明恵や貞慶らは決して許せなかったのだ。だが、諸行往生思想が、世俗社会のさまざまな差別（身分差別、職業差別、女性差別など）をそのまま持ち込むものであることを覚《さと》った法然は、念仏以外の諸価値を否定することで、すべての人々を唯一絶対他者である阿弥陀仏の前に平等に位置づけようとしたのである。

なお、平の議論（諸宗を否定していないが、諸行往生を否定）に対しては、末木文美士による「法然は、諸教・諸行だけではなく聖道門も否定している」とする批判（一九九八）がある。また、袴谷憲昭《はかまやのりあき》（一九九八）は、平の立論を支持し、そのうえで善導のテキストの再読解を試みて、善導のテキストのなかに彼が「他力主義」と名づける「絶対他者によるすべての人々の救済」を記す記述があることを指摘している。

浄土教の広がり

さて、建永の法難（一二〇七年）のときに、五箇条太政官符《ごかじょうだいじょうかんぷ》というものが出された。そのなかで、専修念仏の教えは、仏教の敵であると断罪されている。朝廷が、仏教の敵であると認めただけではなく、鎌倉幕府もまたその認定に同調している。そのためもあって、これ以後、専修念仏は繰り返し弾圧されつづけている。僧の位階秩序（受戒制度）の維持を図る伝統仏教だけではなく、政治権力側からも「平等思想」は許しがたい思想だったからであろう。

なかでも「嘉禄《かろく》の法難」（嘉禄三年（一二二七））では、六月に延暦寺の命令で大谷の法然の墓地が破壊された。そこで朝廷は延暦寺に対して、専修念仏を取り締まるから、そちらが攻撃するのをやめるようにと命じた。そして七月に、専修念仏の禁止令が出され、隆寛・幸西・空阿弥陀仏が遠流《おんる》（最も重い流罪）にされる。ただし証空は流刑を免れた。

さらに専修念仏の余党四十六名の逮捕状が出たが、それだけにとどまらなかった。『選択本願念仏集』は、誹謗書《ひぼうしょ》として日本で初めて出版禁止令が出され、十二月に延暦寺講堂前で焼き払われている（印版も焼かれたので、建暦《けんりゃく》二年（一二一二）に刊行された木版版は一冊も残っていない。草稿本は京都市上京区北之辺町の廬山寺《ろざんじ》に現存。「建永の法難」「嘉禄の法難」については、平雅行一九九二第三篇参照）。

このような弾圧を受けたにもかかわらず、浄土宗は広がりをみせてゆく。ただし、弟子たちの間でいくつもの流れに分裂する。愚勧住信《ぐかんじゅうしん》が集記した『私聚百因縁集《しじゅうひゃくいんねんしゅう》』（正嘉《しょうか》元年（一二五七）成立）巻七では、法然の上足《じょうそく》（高弟）として、幸西・聖光《しょうこう》・隆寛・証空・長西《ちょうさい》の五人の名前が出された。応長《おうちょう》元年（一三一一）の『浄土法門源流章《じょうどほうもんげんるしょう》』（東大寺の凝然《ぎょうねん》叙述）には、「親承面受《しんしょうめんじゅ》の弟子」として先の五名に信空《しんくう》・行空《ぎょうくう》が付け加わった。

だが、前述の五名についていては、特に教義や門人が略述されているので、やはり五人が指導者として公認されていたとみられる。そして十四世紀後半の『法水分流記《ほうすいぶんりゅうき》』（西山深草派の静見了日撰述。永和四年（一三七八））では、七人から行空が除かれ、親鸞・湛空《たんくう》・源智《げんち》（一一八三―一二三九、知恩院を再興）の三人が追加されて九人となっている。流れが複雑なので、主なものを簡単に整理しよう（末木の論考「寛容と非寛容――法然門下の諸行観」（末木一九九八所収）などを参考にした）。

一念義《いちねんぎ》（平は、安心派と呼ぶ）
幸西を祖とする。往生浄土は一回の念仏で可能とし、最も過激だとされた。法然の廃《はい》立《りゅう》（念仏以外の修行は必要ない）の立場が貫かれているが、法然の多称から一称（一回の念仏）へ移り、口称から心念へと集約される。

多念義《たねんぎ》（平は、起行派と呼ぶ）
隆寛（一一四八—一二二七）を祖とする。彼が京都東山の長楽寺に住したことから長楽《ちょうらく》寺義《じぎ》とも呼ぶ。日常の多念を続けることと臨終の一念によって往生できるとする。その著作の『顕選択《けんせんちゃく》』が嘉禄の法難のもととなった。

諸行本願義《しょぎょうほんがんぎ》（九品寺流《くほんじりゅう》）
長西（一一八四—？）は、法然没後、出雲寺の覚愉《かくゆ》に学び、曹洞宗の道元《どうげん》（一二〇〇—五三）に禅を学ぶなどして、九品寺に住したので九品寺流と呼ぶ。彼の『念仏本願義』では、諸行による往生は、弥陀の第十九願（「諸の功徳を修し」の部分）、第二十願（「諸の徳本を植え」の部分）によって認められているとする。選択説は第十八願解釈に関するものとみなして、法然の非寛容説を寛容に転じさせた。

鎮西義《ちんぜいぎ》（教団を鎮西流と呼ぶ）
祖である聖光房弁長《しょうこうぼうべんちょう》（一一六二—一二三八）は、鎮西《ちんぜい》上人と呼ばれる。筑前、筑後、肥後などで布教し、九州における浄土門布教につとめた。一念義を批判し多念義の傾向をもつ。心の持ち方（安心《あんじん》）、修行（起行《きぎょう》）、実践方法（作業《さごう》）とに分けて、それらがすべて口称《くしょう》念仏に帰結するとする。廃立的立場をとらず、聖道門を許容し、他派との摩擦を避けた。弟子の良忠《りょうちゅう》（一一九九―一二八七）は、教えを関東に広めた。以後、関東三派（白旗《しらはた》・名越《なごえ》・藤田）、京都三派（一条・三条・木幡《こばた》）が生まれた。うち白旗派から、多くの著作を著した聖冏《しょうげい》（一三四一―一四二〇）が出た。さらに、その弟子で明徳《めいとく》四年（一三九三）、真言宗の寺を浄土宗に改宗し、増上寺《ぞうじょうじ》（現・東京都港区芝公園、徳川家菩提寺）と改名して念仏布教の中心とした聖聡《しょうそう》（一三六六―一四四〇）が出たことで、現在までの浄土宗の本流となった。

西山義《せいざんぎ》（西山派）

その祖、善恵房証空《ぜんねぼうしょうくう》は、西山《せいざん》上人と呼ばれる。親族の源（土御門《つちみかど》）通親《みちちか》（一一四九―一二〇二）の猶子《ゆうし》（仮の親子関係）となり、十四歳で出家、法然の門下に入った。法然の勧めで天台教学や密教を学んでおり、貴族との交流も深かった。建永や嘉禄の法難では流罪を免れている。嘉禄の法難の際には、専修念仏者ではなく、天台の一僧侶であるような振舞いをみせるなど、思想的に天台教学との協調を図っている。

往生極楽を可能ならしめる念仏とともに観想をとり入れている点において、専修念仏の根本的立場を捨てた、と田村圓澄（一九五九年b）は言う。

証空の著『観経疏大意』によれば、聖道門自力修行は否定されるが、観察門は、弘願《ぐがん》（第十八本願）に帰依すれば浄土の行として認められる。弘願の立場は、聖道門諸行と対立するので、長西や弁長のように選択思想を制限するわけではない。

だが、末木文美士（一九九八）は、これは天台の法華開会《ほっけかいえ》の思想（法華経絶対優先の立場を認めた後に和合してすべての経典を認める）の裏返しだとする。法華経の位置に弘願の念仏を入れることで、非寛容にみえながら寛容の立場にたつことになる。末木は、選択説の骨抜きだと批判する。天台の教義を浄土門のなかに取り込むことにもなり、西山の門流が天台教学に流れて、派が先細りになるのは当然のことだったと論じた。

証空は、法然没後、慈円《じえん》（一一五五―一二二五、吉水僧正。天台座主。関白藤原忠通《ただみち》の子。兄は九条家の祖・兼実《かねざね》）の譲渡を受けて西山善峯寺北尾《よしみねでらきたお》（現・京都市西京区大原野石作町《おおはらのいしつくりちょう》）の往生院（三鈷寺《さんこじ》）に移り住んだ。往生院は、もともと天台の寺院であるが、菊地勇次郎（一九八五）は、証空がそこで独自の念仏集団を作った（「証空を中心に九条・徳大寺《とくだいじ》・滋野井《しげのい》等の公家社会を背景とした往生院の浄土教化が自然歴然としてくる」）とみている。

これに対して、坪井剛（二〇一五）は疑義を提出している。証空は、不断念仏だけではなく、顕密の行法も併修しており、念仏結衆に対しても慈円からの補助があったとみられる。延暦寺別院とされる善峯寺との関係が深い往生院そのものが、延暦寺の影響下にあった。つまり、延暦寺の制約下に念仏結衆が結成されたとみるべきだろう。

さらに、証空は、往生院以外に拠点を設けている。一つは小坂住房での結衆であり、鎌倉期には証空門流のことを「小坂」と称することのほうが主流で、南北朝期以後、往生院の本山義の発展によって「西山義」の呼称が一般化した。

証空の門弟とその流儀には、西山四流として、法興浄音《ほうこうじょうおん》（一二〇一―七一）の西谷義《せいこくぎ》、円《えん》空立信《くうりゅうしん》（隆信、一二一三―八四）の深草義《ふかくさぎ》、観鏡証入《かんきょうしょうにゅう》（一一九六―一二四五）の東山義《とうざんぎ》（小坂住房の集団を引きつぐが、次第に消滅）、道観証慧《どうかんしょうえ》（一一九五―一二六四）の嵯峨義《さがぎ》（次第に消滅）がある。また一遍の師である聖達《しょうだつ》もいる。

（なお、明治三年（一八七〇）に浄土宗鎮西派（現・浄土宗）と浄土宗西山派が統一されるが、明治九年（一八七六）に分裂。このとき、浄土宗西山派は、西谷流では、光明寺（粟生《あお》光明寺）を西本山、禅林寺（永観堂）を東本山とし、深草流では、誓願寺を北本山、円福寺を南本山とする四本山制とした。大正八年（一九一九）、浄土宗西山派は、三つに分裂。光明寺を総本山とする浄土宗西山光明寺派、禅林寺を総本山とする浄土宗西山禅林寺派、誓願寺を総本山とする浄土宗西山深草派となる。西山三派は、一九四一年に国策で西山派に統合されたが、戦後再び三つに分裂。そのときに浄土宗西山光明寺派は、西山浄土宗に改名した。）

難問としての親鸞

親鸞については、あまりにも多くの研究書、論文、解説書のたぐいが出版され、活発な議論が続いている。どこを基準にして親鸞の伝記、思想を読み解くべきなのか、見極めがむずかしい。だが、そのなかで最新の動向をまとめつつ、公平な視点で研究、資料を検討している末木文美士の『親鸞――主上臣下《しゅじょうしんか》、法に背《そむ》く』などを参考にして、親鸞についてまとめてみたい。

親鸞（一一七三―一二六二）は、承安《じょうあん》三年に皇太后宮大進《こうたいごうぐうのだいしん》日野《ひの》有範《ありのり》の子として生まれた。父の有範は、天皇の生母で先帝の皇后に仕える従六位《じゅろくい》相当の役職（大進）である。だが、母については、伝記や系譜に記載がないので論じられてこなかった。

ただし、西山深草《にしやましんそう》（吉良潤《きらじゅん》を中心とする浄土宗西山深草派《せいざんふかくさは》のグループ）は、浄土真宗本願寺派及び真宗大谷派では資料的価値を否定されている存覚《ぞんかく》（一二九〇―一三七三、本願寺三世覚如《かくにょ》の長男で義絶された）作とされる『親鸞聖人正明伝《しんらんしょうにんしょうみょうでん》』及び真宗高田派の五天良空《ごてんりょうくう》作『親鸞聖人正統伝《しょうとうでん》（高田正統伝）』で述べられている、母が清和源氏八幡太郎義家《はちまんたろうよしいえ》の孫である吉光女《きっこうにょ》（貴光女）だという説を検証している（末木は、傍証がないとことわりつつ触れている。

松尾剛次（二〇一二）は論じており、平雅行は触れていない）。

西山は、史料を調べ直し、吉光女は実在しており、源義朝と義朝の祐筆・中原範兼の娘との間に生まれた娘であるとした。さらに日野家は、義家の頃から清和源氏との間での婚姻関係があり、九条兼実とも密接な関係にあったとする。この仮説なら、親鸞は源頼朝の甥だということになる。

また、建永の法難で死罪になった四人は清和源氏の出か、中原氏の出身である。無名だった親鸞（松尾剛次によれば、弟子としては二十一番目）も源頼朝の甥として巻き添えになって流罪にされた。つまり建永の法難は、後鳥羽上皇による「鎌倉幕府打倒をもくろんだ承《じょう》久《きゅう》の乱（承久三年（一二二一））の予兆としての政治的弾圧」だとする異説を述べている。確かに「思想犯としての流罪説」（平雅行）よりは、なぜ無名の親鸞がわざわざ流罪にされたのかについて、私はこの仮説のほうが説得力があると思う（西山深草二〇一一）。

出世できない下級貴族の官僚の息子として育った親鸞は、九歳のときに出家した。師僧は、慈円だとされる（これについても平の『歴史のなかに見る親鸞』は、否定的であるが、末木は十分に考えられるとする）。比叡山での修行についてはあまり史料がないが、どうやら常行三昧堂で念仏行を行う堂僧だったようである。

建仁元年（一二〇一）に比叡山を下りて、六角堂に百日間籠もり、九十五日目に示現《じげん》

（夢告《むこく》、夢の中のお告げ）にあずかった。それがきっかけとなって法然のもとに入門したとされるが、この夢告の内容もまた問題となる。内容については、ほとんどの研究者が「女犯偈《によぼんげ》」だとみている。「女犯偈（行者宿報偈《ぎょうじゃしゅくほうげ》）」というのは、「行者が前世の報いでもし女犯する（女性と交わる）ことになっても、私は玉女となって犯されよう。一生の間あなたを善行で飾り、臨終には導いて極楽に生じさせよう」というものである。夢告がこのような内容であるとしたら、それがなぜ法然への入門を導くものなのかが判然とせず、議論の対象となってきた。

末木は、高田派の高田専修寺《せんじゅじ》に所蔵されている『夢記』『三夢記』などを検討し、さらに荒唐無稽として無視されてきたが、近年注目されている『親鸞聖人御因縁《ごいんねん》』（中世の成立。荒木門徒（仏光寺派）に伝承）を引いている。ごく簡略にまとめれば、以下のような物語となる。

月輪《つきのわ》の法皇が、黒谷の庵の法然のもとにやって来て、三百人も弟子がおられるのに、私（円照《えんしょう》、法皇の法名）だけが俗世に生きています、と言う。出家の聖の念仏と私など在俗の者の念仏に違いがありますか、と問いかけるので、法然は、どこにも違いはない、とこたえる。すると、法皇は、ではそのような区別がないのなら、一般の人々の疑いを晴らすために、弟子のなかで、不犯《ふぼん》の僧を一人いただき、彼を俗世界に戻していただきたいと述べた。

するとと法然は、いいでしょう、それなら善信房（親鸞）よ、今日から法皇の命令に従いなさいと述べた。親鸞は涙を流して、三十八歳まで戒律を犯していない身なのに、凡夫になれ、とはうらめしいこと、と嘆いた。すると、法然は、お前が私の弟子になったいきさつである六角堂の観音の示現のことは知っていると述べ、だから観音の示現どおり堕落しなさいと告げた。

親鸞は、示現のことは言ったことがないから知るはずがない、と言うと、法然は、私は示現があったときから知っていると述べた。親鸞は、法然に自分のもとになぜ来たのかを話しなさい、と言われて、入門までのいきさつを語り、示現のことは話していないとした。すると、法然は、示現の言葉は知っているとして、硯《すずり》を出させて書き記した。親鸞に示現の言葉を言わせると、法然の記した文字と一字も違わなかったので、皆は驚いた。こうして親鸞は、法皇とともに俗界に戻り、法皇の第七の姫である玉日《たまひ》の宮と結婚した。

法皇が、末代の衆生を助けようと、姫宮を普通の人間（平人）の妻としたのは、まことにかたじけないことである。三日たって親鸞夫婦が、法然のもとを訪れると、姫宮を見て、「問題ない坊守だ」と言われた。ここから一向専修の念仏道場の主を「坊守《ぼうもり》（坊を守る人・真宗の僧の妻の名称）」と呼ぶのである。

さて、以上のような内容のなかで、「月輪の法皇」とは、九条兼実（摂政・太政大臣・関白を歴任）を指している（法然を戒師として出家、円証と号した）ことは明白である。だが、兼実が院のような地位にされていたり、親鸞の伯父が歌人だとされていたり、親鸞の年齢も違うなど、事実と異なる点が多い。それが無視されていた原因だろう。ともあれ、この創作された物語は、まず法然の超人性を語って親鸞の法然への帰依の絶対化を示している。そして、その法然の指示に従って、玉日《たまひ》姫《ひめ》と婚姻して世俗に戻り、王権（九条家に代表される）との関係を結ぶ、という構図である（語り伝えられた親鸞の諸伝記については、塩谷《えんや》菊美《きくみ》二〇一一が非常に興味深い労作である）。

六角堂での夢告（示現）が、この法然に命じられた破戒（玉日との婚姻）につながるものなのかは、むろん判然としているわけではない。末木もほかのさまざまな解釈を紹介している。だが確かに、絶対に帰依していた法然の許しなくして、親鸞の破戒（婚姻）はありえなかっただろう。

玉日と恵信尼

だが、親鸞と九条兼実の娘である玉日姫との結婚の問題は、民間では前述の西山深草、佐々木正（一九九七、二〇〇三）、研究者としては松尾剛次（二〇一〇a、二〇一二）が取り上げて、論議されるようになった（なお、平雅行は、玉日との婚姻も慈円の弟子という事実も否定する）。松尾は、玉日姫の墓があるとされる京都市伏見区の西岸寺《さいがんじ》（浄土真宗本願寺派）の玉日墓地発掘調査（二〇一二年四月）の結果を受けて、玉日の実在を強く主張した。

①　実悟（蓮如の子）が十六世紀に編纂した「日野一流系図」にも、九条兼実の娘・玉日姫が、親鸞の正妻として挙げられ、範意《はんい》という息子がいたことが記述されている。江戸時代でもそのとおりに記述されてきた。

②　親鸞の遺言状とみられる書状には、「そくしやうばう」「いまごぜんのはは」なる謎の人物が見受けられる。だが、近年発見された「日野氏系図」の別本によると、玉日との息子範意（即証房印信《いんしん》）の娘の注記に「母は覚善尼で即証房の妻、娘は今御前と号する」という記載がある。範意の妻の覚善尼は、「今御前の母」となる。

前記の遺言状は、親鸞の死後、今御前の母と「即証房（従来のあて字だと即生房）」の面倒を見てくれるように、という常陸の門徒たちへの依頼である。京都で親鸞の世話をしていた玉日との息子範意（即証房）とその妻（今御前の母）の面倒を見てくれるようにという依頼の手紙だったのだ。

では、従来、親鸞の妻とされてきた恵信尼《えしんに》（一一八二―一二六八）との出会いと結婚はどうなるのだろうか。恵信尼は、大正十年（一九二一）、西本願寺の倉庫から偶然に発見された『恵信尼消息《しょうそく》』（末娘の覚信尼《かくしんに》に宛てた書簡十通。この文書によって親鸞の実在が確定）によって詳細がわかってきた存在である。恵信尼との出会いについても諸説がある。

末木は、今井雅晴（二〇一三）の仕事を受けて、三好為教《みよしためのり》の娘で、九条兼実の娘任子《にんし》の女房として仕えた後に京都で親鸞と結婚し、越後への流罪にも同行したとする。松尾剛次も、三好為教の娘で、京都で親鸞に出会い、流罪になる親鸞に同行したとする。平雅行は、三好為教の娘説には否定的で、出自は不明で、流罪先の越後の在庁官吏の娘だとする。これに対して、前出の西山深草は、以下のような独自の仮説をたてている。

恵信尼は、三好為則《ママ》の娘である。後鳥羽天皇の中宮任子（九条兼実の長女）の女房となり、その後玉日に仕えていた女房で、婚姻後の親鸞夫妻にも仕えていた。親鸞が越後に流されたとき、玉日の身代わりとして越後におもむいて親鸞の世話をしていた。恵信尼が、終生親鸞を「殿」と呼んでいたのは、その主従関係からではないか。流罪中に玉日が亡くなり、仕えていた主人をしのび、当時の習慣として出家して「恵信尼」となった。そして玉日の喪が明けてから親鸞と婚姻した。

この仮説は、相当に魅力がある仮説である。まだ多くの支持を得られず、おそらく専門家は否定的だろうが、仮説としては無理がないように思う。

ともあれ、親鸞は、建永の法難による越後流刑の後、建暦元年《けんりやく》（一二一一）に許されるが、京都には戻らず（一度京都に戻ったという説もある）、東国におもむいた。東国伝道についても諸説あるが、四十代から六十代初めまで約二十年間東国での布教活動に従事している。関東での布教について、平雅行（二〇一二）は、後に寛喜《かんぎ》三年（一二三一）病に臥《ふ》していたときに、上野国佐貫《さぬき》（現・群馬県邑楽《おうら》郡明和《めいわ》町大佐貫）での浄土三部経読誦《どくじゅ》を思いだすエピソードを論じている。

親鸞は、何日もかけて浄土三部経一千部を読もうとする。その頃、日照りの被害が出て、各地で雨乞いの祈禱が行われていたという。おそらくは、親鸞も土地の人々に頼み込まれ、惨状を見ている以上断り切れずに、雨乞いの祈禱を引き受けたのだろう。しかし、四、五日読経したところで、やめてしまう。

「自信教人信《じしんきょうにんしん》、難中転更難《なんちゅうてんきょうなん》とて、みづから信じ、人を教へて信ぜしむること、まことの仏恩を報いたてまつるものと信じながら、名号の他には何事の不足にて、必ず経を読まんとするや」。

善導の『往生礼賛偈《おうじょうらいさんげ》』の「初夜礼賛《しょやらいさん》」にある「自ら信じ人をして信ぜしむることは難中の難にして更に転《うたた》難《かた》し……」を読経しているときに、ハッとするのである。南無阿弥陀仏の名号以外に何が不足なのか、自分は一体何をしているのか、すべての人々を救うためには名号以外のなにものも不要であって、その名号を自分は信じていたのではないのか、と思い返して読むのをやめた。

読経をやめた親鸞は、その後上野国を去って、常陸国（現・茨城県）に移った。おそらく、まともに頼る者とていない東国の地で、都では知ることのできない末端の人々の社会的・経済的実態を知ったはずである。ここでもまた法然がかつてたどったように、過去の自己のイデオロギー的枠組み（貴族社会、顕密仏教）から離れ、自分の新たな思想の確立に向かったのだろう。

親鸞思想の核心

さて、ここで問題とされるべきは、親鸞の思想の核心はどこにあるのか、何を典拠とすべきなのか、ということだろう。たとえば、平雅行は、あくまで『歎異抄』を典拠に読解しようとする（悪人であることを自覚することが正因であるとする「悪人正因説」については、「専修念仏の歴史的意義」一九九二）。

だが私は、今村仁司が言うように、主著の『教行信証《きょうぎょうしんしょう》』（元仁《げんにん》元年（一二二四）四月十五日に草稿完成）のなかにこそ、彼の主張を見出すべきだと思う。以下、今村（二〇〇九）の読解を私なりにまとめてみたい。

一　念仏行はたやすいが、信じることは難中の難である。行と信とが分裂している。易《い》行道《ぎょうどう》（浄土門）が抱える難問に法然も親鸞も気づいていた。浄土門の易行道は、形式的には誰でも行えて簡単なものだが、実際には最大級の難行道である。この困難を知っていたからこそ、親鸞はますます「信じる」ことを強調する。理論的に納得しても、腑《ふ》に落ちる理解（臓腑《ぞうふ》に染み渡る身体的な確信）とは別である。

二　自己の覚醒は、自己のみの努力では不可能である。他者たちの覚醒が自己覚醒の成就のためには絶対的に必要である。自己の目覚めは、他者たちとの相互覚醒のなかでこそ成立する。他人が目覚めてくれないなら自分の目覚めもない。だから、この循環を突破するためには、飛び込まなければならない。矛盾を矛盾として生き抜き、悪循環を断ち切るためには、突破せよ。動かなければ何事も起こらない。

三　称名は、個人によって行われるが、同時に阿弥陀仏の声であり、呼びかけである。称名は個人が選んだのではなく、阿弥陀が選んだ行為であり、阿弥陀仏による有限者（死すべき者）への「回向」である。念仏は、無限（アミータ、阿弥陀）の存在からの贈り物なのである。世俗内人間は、自分の力を頼みにして生きている人間たち（主観的には自分を善人だと思いながら、他人に向かっては悪人だと卑下する）である（自力依存的）から、自分で覚醒することはない。

目覚めようとする心をもつ（菩提心をもつ）なら、自力を捨て、絶対的異質者（絶対他者）にすがるほかない。

四　世俗的に生きる人間はすべて悪人であるほかはない。なんらかの形で他者を犠牲にして生きているからである。「自力」とは、人間意識の働きを言うのだが、意識する自我は、自己閉鎖的であり、虚栄心にまみれて他者排除的だから、自己を超える無限（阿弥陀）があることすら気づかない。自力の人はことごとく悪人である。

五　四十八本願を縮約してゆくと、究極的には二つの項目に分けられる。

①自利の構造

　己と他者とを認識し、他者なくして自己がないことを認識すること。自己と他者とが作る世界を正しく認識すること。

②利他の構造

　世俗的自己の悪人たることを徹底的に認識すること、この認識が全面的な自己変貌（往相《おうそう》）へとつながる。自己変貌とは一切の世俗的資格・規格（社会的位置づけ）を投げ捨て、無限他力と一体となり、他者を例外なく受け入れられることである（利他・還相《げんそう》）。

今村は言う。

他力とは、本来神学＝宗教的に提起されたものであり、世界中のどこにでもある神々の別名である。この神学的他力（絶対他者）を非神学的にとらえなおし、超越神とは違う他力（阿弥陀＝無限）に改変したことが、仏教（浄土門仏教）の大きな貢献だった。目覚めること（覚醒）は、非神学的に可能であると宣言したことが、仏教の独創性である。

同じ浄土門の時宗の僧である私にとっては、今村の言う非神学的な「絶対他力」すなわち阿弥陀＝無限とは、この地上のすべての人々の極楽往生の祈りそのもの、すべての人々が合掌して祈って集合している力そのものである。地上のすべての人々の祈りと希望とともに生きることが、絶対他力なのである。

さて、竹村牧男（一九九九）は、親鸞を、著述のなかで思想を確かめる「定住型」の思想家とし、それに対して一遍は、音声を発する、語ることで思想を確かめる「漂泊型」の思想家だとした。あるいは親鸞の「信（心の立場）」に対し、一遍は「名号（言葉の立場）」にすべてをゆだねると定義づけた。

また釈徹宗（二〇一一）は、心理学者・河合隼雄の「中空構造」という概念を利用して日本仏教を位置づけている。明確な座標軸がある二項対立型（キリスト教タイプ）の「中軸構造」に対して、中軸がなく、均衡を重視し、さまざまな要素が融合して領域が不鮮明な「中空構造」が、日本仏教の特徴だとする。

さらに、あいまいな要素が並立する「中空」型の日本仏教のなかで、法然の浄土教は、明確な基準、選択、方向性をもつ「中軸構造」として屹立し、明恵などから厳しい批判を浴びた。

このように整理した後で、釈は、親鸞は「中軸型構造に立って、中軸で在り続けようとする方向性をもつもの」とし、一遍を「中軸型構造に立って、中空を志向する方向性をもつもの」と規定している。「定住型」か「漂泊型」か、「論理的整合性」か「感覚や身体性」か。果たして、このような枠づけによって、親鸞と一遍との相違を理解できるものなのかどうか。ともあれ、次章以降で、一遍の生涯と思想、また時衆の歴史をたどることにしよう。

第三章　一遍と時衆

四天王寺六時堂（手前は石舞台）

一遍の伝記的事実については、拙著『一遍と時衆の謎』第二部「『一遍聖絵』の世界」で詳細に論じたので、ここでは、拙著の記述をもとに研究文献などを省略して簡単に要約しておきたい（本書で初出のもの以外の文献は拙著参照）。

伊予松山の武将・河野通広の次男

一遍は、延応《えんおう》元年（一二三九）四国の伊予松山（現・愛媛県松山市）に武将河野《こうの》通広《みちひろ》の次男として生まれた（現在の時宗・宝厳寺《ほうごんじ》（松山市道後《どうご》湯月町《ゆづきちょう》）が、生誕の地とされている）。河野氏は、水軍を率いた伊予の豪族である。源 頼義《みなもとのよりよし》（九八八—一〇七五、東国における源氏の地位を確立）が、伊予国司に任じられて、その子の親清《ちかきよ》が河野親経《ちかつね》の娘と婚姻し、河野姓を継いだ。親清の孫が、河野通信《みちのぶ》（一一五六—一二二三）であり、源平の戦いで源頼朝《よりとも》（一一四七—九九）に加勢した。

だが、承久《じょうきゅう》の乱（一二二一年、後鳥羽《ごとば》上皇と近臣が鎌倉幕府打倒のため挙兵した事件）で通信の子の通俊が朝廷側についたため、一族も巻き込まれた。城は落ち、通信も奥州江刺《えさし》（現・岩手県奥州市江刺区）に流され、貞応《じょうおう》二年（一二二三）、その地で亡くなった。没落した河野家は、鎌倉に住み、幕府方で功をたてた通久が継《つ》いだ。四男の通広は、病弱であり、承久の乱以前に帰国していて難を逃れたらしい。いずれにしても没落した武家であった。

一遍の幼少期については史料がほとんどない。『一遍上人年譜略』によれば、幼名は松《しょう》寿丸《じゅまる》という。十歳のとき、実母が亡くなり、はじめて「無常の理（人の命ははかないという真理）」を悟った。後に父は後妻を迎えた。次男なので家は継げず、没落し苦境にある家の状況から父親に言われて出家し、随縁《ずいえん》と名乗る。

建長三年（一二五一）、十三歳で僧の善入と連れだって九州太宰府《だざいふ》の浄土宗西山派僧・聖《しょう》達《だつ》のもとを訪れる。聖達は、父の通広（僧名・如仏《にょぶつ》）が西山派開祖の証空《しょうくう》上人のもとで学んだときの仲間である。その聖達に浄土教の書物や注釈書を学ぶように言われて、肥前（現・佐賀県）の清水寺《きよみずでら》の僧・華台《けだい》に出会う。華台に名前をたずねられて随縁と名乗ると、その名前ではいけないと言われて、名前を智真《ちしん》と改めた。優秀だったので、十四歳のとき、聖達のもとに戻って修行を続行した（清水寺は、通説では、現在の佐賀県小城《おぎ》市小城町にある天台宗・清水山見瀧寺宝地《けんりゅうじほうち》院《いん》。現在の福岡県若宮市若宮町にある真言宗の清水寺《きよみずでら》とする異説もある）。

聖達も一遍の父・通広（如仏）も、西山上人・証空の弟子である。一遍が、十二年の間、どのように過ごしていたのかは明らかではない。だが、西山派の教義（西山義）を徹底的に学んだことは間違いない。

しかし、弘長三年（一二六三）五月二十四日、父の通広（如仏）が亡くなったため、智真（一遍）は故郷に戻り、太宰府には戻らなかった。以後、別府弥七郎もしくは次郎左衛門通秀（尚）と称し、僧でありながら、武士でもあるという生活をおくり、妻もめとった。当時は、このような武士のあり方は、ふつうにみられた。

さて、二十五歳で実家に戻り、家庭ももっていた一遍が、なぜ三十代で再出家したのか。『聖絵』では、輪鼓《りゅうご》（鼓《つづみ》の形をしたコマ）を近所の子どもと回しているうちに、コマが落ちて動かなくなったという話を記している。回せば回る、回さなければ回らない、人の人生もまた行動（身業《しんごう》）と言葉（口業《くごう》）と心（意業《いごう》）の三業《さんごう》によって輪廻転生《りんねてんしょう》を繰り返すのだから、どこかで罪の根本を断ち切らなければならない、と感じたと言う。

だが、これは、あまりにも作られた感が強い。とすれば、再出家の原因は、『一遍聖絵』の詞書《ことばがき》で異母弟の聖戒《しょうかい》が意図して語らなかった部分だろうと思われる。それは何かと言えば、河野家内部の権力争いと一遍自身の個人的問題だったのだろう。

伝承のなかで、河野家の相続問題に関与して殺害されそうになったことだけは事実だろう。刀で襲われ傷を負ったこと、相手の刀を奪って助かったことは共通して語られている。襲った相手がどうなったのか（「年譜略」では自死したとする）、一遍の負傷の程度はどの程度だったのかは語られていない。このあたりに、身内の者に襲われて一遍が心に深い傷を負った要因があるように思われる。

河野家内部で所領相続をめぐる争いがあったことは確かである。そして、この一族の泥仕合に際して、どちらかに肩入れをしろと強要されるなど、一遍自身も巻き込まれたのではないだろうか。

こうして、一遍は、いま一度、太宰府の聖達上人のもとへおもむくことになる。今回は、末弟の聖戒が出家して一緒に太宰府の聖達のもとに旅立っていく。聖戒という名前は、おそらくこの時、聖達によってつけられた出家名だろう。

文永八年（一二七一）春、一遍は、信濃の善光寺（現・長野市元善町《もとよしちょう》）にたどり着く。この信濃善光寺で一遍は、「二《に》河《が》白道《びゃくどう》の喩《たと》え」の図を見て激しく心うたれる。「二河白道の喩え」とは、中国の善導《ぜんどう》が著書（『観経疏』）で用いた比喩《ひゆ》を絵にしたものである。西に向かう旅人がいて、南方に火の河（怒りの心）、北方に水の河（貪欲《どんよく》の河）があって渡れない。後ろからは盗賊や獣が迫ってくる。すると中程に四、五寸の細い白い道があり、東岸（この世）からは釈迦が白い道を渡れ、と言う。西岸（あの世）からは阿弥陀仏が招いている。旅人は迷いを捨てて白い道を渡り、浄土に至るという絵図である。

善導は白い道を浄土に往生を願う心とした。だが、一遍は、それを南無阿弥陀仏という念仏（名号）を称えることそのものであると考えた。水と火の川は私たちの欲望に踊らされる心そのものだ。迷いを捨てて進むべき白き道とは、南無阿弥陀仏の念仏そのものである。

十一不二の頌

現世の骨肉の争いから離れて、一遍は、その年の秋から故郷の松山の窪寺《くぼでら》の閑室にこもった。みずから写し取ってきた二河白道の図をかけ、修行に励む（窪寺は、愛媛県松山市窪野町の北谷《きただに》の「くぼ」と推定）。このとき、「己心領解《こしんりょうげ》の法門」（みずからの心で悟った真理の教え）を七言の頌《じゅ》（宗教的な悟りの境地などを表現した漢詩）であらわした。これを「十一不二《じゅういちふに》の頌」と言う。

十劫正覚衆生界《じっこうしょうがくしゅじょうかい》　一念往生弥陀国《いちねんおうじょうみだこく》
十一不二証無生《じゅういちふにしょうむしょう》　国界平等坐大会《こっかいびょうどうざだいえ》

第三句までの大意は以下のようになる。

「はるかとてつもなく昔のことだが、法蔵菩薩《ほうぞうぼさつ》が現在、過去、未来のすべての人々を救いたいと願い、正しい覚《さと》りを得て阿弥陀如来になり、同時にすべての人々を救うことができた。だから今の私たちも一度の念仏（南無阿弥陀仏）によって極楽浄土に往生できるのだ。十劫（想像を絶するほどの長い時間）の昔の阿弥陀如来の正しい覚り（正覚）も現在の私たちの念仏往生も別々の物事ではなく、時間も空間も超えた、生死をも超えた悟りの世界なのである」。

最後の第四句「国界平等坐大会」について、橘俊道《たちばなしゆんどう》（一九九〇）は、定説（「極楽浄土の国も人間の世界も、どちらにいても阿弥陀仏が法を説かれる法会《ほうえ》の席に同じく座している」）に対して独自の解釈を提示した。この「十一不二の頌」は、一遍の悟りにおいて決定的な重要性をもっていて、最後の第四句の解釈は変えなければならないと論じた。

「不二」と「平等」とは意味が異なる。「国界平等坐大会」は、『仏説無量寿経』巻下の経文を簡単にまとめたもので、それを参考にすれば、「平等」とは、「高低差がない、たいらである」という意味ととるべきである。極楽国と衆生の世界との間に高低差がなく、たいらで見渡せるという意味になる。

極楽の国の人々も衆生の世界の人々も、全体を見渡せて、浄土世界の実在、浄土往生の疑いないことが証明された、と解釈すべきだ。すなわち、これは絵画で描かれた「二河白道の本尊」を文章で言い表したものなのだ。

また、「十劫正覚の一念」について、確かに西山義にもある言葉だが、西山義では、阿弥陀仏の正しい覚りをした瞬間を指しているにすぎない。だが、一遍では、そのとき仏によって称えられた念仏を指しているのであって、前者の観念性に対して具体的なのだ。

「となえる人」がいて、「となえられる」名号があり、それに唱和する人々がいて、一体となって躍動する。仏からの口うつしによって念仏が伝播し、広がりをもつ。

この強烈な「躍動する念仏」への確信こそが、「十一不二の頌」の意味であり、だからこそ、後に師の聖達に会って「十一不二の頌」を説明したときに、聖達を感動させたのではないだろうか。一遍は、この時点で明らかに西山義を超えた境地にたどり着いていた。窪寺こそが、時宗誕生の地ではないのか、と橘は論じた。

さて、続いて一遍は、文永十年（一二七三）七月、人里離れた岩屋寺《いわやじ》（愛媛県上浮穴郡《かみうけなぐん》久万《くま》高原町《こうげんちょう》、真言宗豊山派。高知県との境の山中にある四国霊場第四十五番札所）に入り、ここで半年間修行をする。四国の修験者の道場でもあり、一遍もまた郷里四国の修験道の修行のなかに入ったことになる。この修行が熊野への道へと続く。

古代には「山岳海辺修行者《かいへんしゅぎょうじゃ》」と呼ばれる宗教者がいた。諸国の半島、山岳、谷、海辺などを修行の場として「めぐり修行」をしていた。死者の霊のゆく世界が海のかなたに想定されるため、それを遥拝《ようはい》する海洋信仰があった。一遍は、このような古代からの「山岳海辺修行者」が修行した四国の伝統的風土の影響を色濃く受けていて、それが、法然、親鸞ら専修念仏の先達との差異を生み出している。

さて、いよいよ郷里を出立することになった。

『聖絵』には、「それより出給ひてのち、ながく舎宅田園《しゃたくでんえん》をなげすて、恩愛眷属《おんないけんぞく》をはなれて堂舎《どうしゃ》をば法界《ほうかい》の三宝《さんぼう》に施与《せよ》し、本尊聖教《ほんぞんせいきょう》は附属をうけたてまつりき」とある。岩屋寺を出てから、家も田畑も投げ捨て、親族とは一切縁切りをし、堂や附属の建物も寄進し、本尊と仏典類は、聖戒に譲ったのである。

そして、文永十一年（一二七四）二月八日、郷里を後にする。『聖絵』のこの有名な「出立の場面」については、さまざまに解釈されてきた。

『聖絵』の聖戒の詞は、「超一超二念仏房此三人発因縁雖レ有二奇特一恐レ繁略レ之」（超一、超二、念仏房この三人因縁を発す。奇特有りといえども繁を恐れてこれを略す）とある。この三人の出家の理由については奇特な（非常に珍しく不思議な）事情があったのだが、これを語ると複雑きわまりないことになるので省略する、という意味と解釈された。この「不思議な話」を、一遍の女性をめぐる問題だと解釈する人々がほとんどだった。

しかし気をつけてほしいのは、「超一超二念仏房此三人」とあることだ。おそらく「この三人」は、共通した何らかの理由があって、出家し故郷を離れなければならなくなったのだろうと考えざるをえない。これまでの解釈のように、念仏房を単なる従者とみなすのは、わざわざ「此《この》三人」と指定していることから無理がある。

私は、伯父一家の騒動がこれにからんでいるのではないだろうかと指摘した。伯父通久の後妻ないし側室が、通久の子息の通時か通継か、どちらかと密通し、子どもまで生まれてしまったのではないか。超一とは、義理の息子と通じた、通久の若い後妻（ないし側室）であり、超二とは不義の結果生まれた娘なのではないだろうか。これが拙著（桜井哲夫二〇一四）での私の推論であった（詳細は拙著参照）。

そして、聖戒は、五、六日間、見送りのために一緒に旅したが、桜井（現・愛媛県今治市桜井）という場所で「蓮の花の咲く暁には一緒に浄土に生まれましょう。また臨終の夕べには再会しましょう」と約束して別れることになる。

さて一遍一行はまず、大坂にある、阿弥陀仏の極楽浄土信仰で人気を集めていた四天王寺に向かった。四天王寺で一遍は、本尊の釈迦如来に、十重《じゅうじゅう》の制文《せいもん》を納めた（僧の最も重い十の戒めを誓う）。そして「一遍の念仏をすすめて衆生を済度《さいど》（救いにみちびくこと）しはじめたまひけり」（『聖絵』）。

一遍は、この四天王寺で、智真という名前を、ただ一遍の念仏（ただ今一回かぎりの念仏。略して一念という。法然門下の「一念」は「一心」ともいい、信心と同義語とされているので、一遍の言うただ一度の念仏である「一念」とは異なる）を人々に勧《すす》める立場をあらわす「一遍」という名前に改め、人々を救うための札（念仏札）を一人一人に手渡す行い（賦算《ふさん》）を始める。

熊野成道

一行は、四天王寺から空海が開いた金剛峯寺《こんごうぶじ》のある高野山へと赴く。そしてこの年（文永十一年）の夏、高野山から熊野三山《さんざん》（本宮《ほんぐう》、新宮《しんぐう》、那智《なち》）へと向かった。さて、念仏札を配りながら本宮へと進む一遍一行だったが、ここで重大な出来事に出会う。一遍が札を渡そうとした僧が札を拒絶したのだ。「今は信ずる気持ちがおきませんので受けられない」と言う。まわりに何人かの道者（参拝者）がいたので、この僧が受けねばほかも受け取らないだろうと思い、「信心がおこらなくても受け取ってください」と押しつけた。

だが、一遍は、大きな衝撃を受けた。信ずる気持ちがないと言われるようでは、どうして人々を救うことができるだろうか。

橘俊道（一九九〇）は、なぜそこまで一遍が衝撃を受けたのかについて、阿弥陀如来の第十八本願（「たとい、われ仏となるをえんとき、十方の衆生、至心《ししん》に信楽《しんぎょう》して、わが国に生まれんと欲して、乃至《ないし》十念せん。もし生まれずんば、正覚を取らじ。ただ五逆《ごぎゃく》（の罪を犯すもの）と正法《しょうぼう》を誹謗《ひぼう》するものを除かん」『浄土三部経（上）』、岩波文庫）に基づいて札を勧めていたからだ、とする。「至心に信楽して、わが国に生まれんと欲して、乃至十念せん」を、一遍の場合は「一念の信をおこして、南無阿弥陀仏ととなへて、このふだをうけ給べし」として札を渡していたのだ。不信の人に札を渡して、この僧が往生できないのなら、大きな過ちを犯してしまったことになる。

こうして大きな衝撃を受けた一遍は熊野本宮の証誠殿にこもる。すると、夢のなかで白髪の山伏（一遍は熊野権現と思う）があらわれ、「融通念仏を勧める聖よ。あなたが勧めるから皆が往生できるのではない。阿弥陀仏のはるか昔（十劫）の願いがかなってすべての人々が往生できるのです。ですから念仏を信じようが信じまいが、その人々が清い（浄）人であろうが、汚れた（不浄）人であろうが、そんなことは気にせずにお札を配りなさい」と述べた。

夢告のあと、目をあけると十二、三歳くらいの子ども（童子）が百人ほども来て手をさ さげて「その念仏うけむ（念仏札を受けよう）」と言って念仏を称えていずこともなく去った。この神託が本当にあったのかどうかはわからない。聖戒が、一遍の悟りの過程をもとに劇的に物語をつくろうとしたのではないか、という疑いが生まれるのは当然である。

橘俊道は、当時絶大な信仰を集めていた熊野大権現の認証を受けた聖《ひじり》の勧進《かんじん》となると人々に受け入れやすかったに違いないから、神託を受けることは、最初からの目的であっただろうとする。

しかし、時宗ではこれを「熊野《くまの》成道《じょうどう》」と言う。遊行上人の代替わり（法灯《ほうとう》相続）の時には必ず熊野本宮に参拝して法灯相続を奉告している。そして「信不信をえらばず、浄不浄《じょうふじょう》をきらわず」（『一遍上人絵伝（縁起絵）』では、「信不信を論ぜず、浄不浄をきらわず」とある）というこの託宣こそ、以後の一遍の教えの根幹となる。

「浄不浄をきらわず」は、社会的身分差別も男女差別も宗教上の穢《けが》れも習俗的な穢れもすべて乗り越えて札を配るというラディカルな立場が宣言されている。

「信不信をえらばず」も問題となる。『観無量寿経』によれば、浄土へ往生する者は、至《し》誠心《ようしん》（一向に帰依する心）・深心《じんしん》（疑いなき心）・廻向発願心《えこうほつがんしん》（往生を願う心）の三心《さんじん》をそなえて念仏しなければならないとされた。法然は、三心について「至心とは至誠心、信楽とは深心、欲生我国とは廻向発願心」（『観経釈』）だとして、第十八本願（「至心に信楽して、わが国に生まれんと欲して、乃至十念せん」）に結びつけている。

親鸞の場合も、念仏行よりも信を重んじる立場をとった（「信心為本」。信心をもって根本と為《な》す）。このような浄土門のなかで一遍の「信不信をえらばず」は、異彩を放つ言葉なのである。

六十万人頌・六字無生の頌

こうして悟りを得た一遍は、熊野本宮から新宮へ向かう。そこから六月十三日に聖戒にあてた手紙のなかで、それまで同行していた超一、超二、念仏房と別れた（「今はおもふやうありて同行等をはなちすてつ」）ことを告げる。さらに聖戒へあてた手紙のなかには、念仏札（「南無阿弥陀仏　決定往生六十万人」）の形木《かたぎ》（紙に刷るため文字を彫りつけた板）が入れられていた。また二つの重要な頌が記されていた。最初のものは「六十万人頌《ろくじゅうまんにんじゅ》」と称される（私は、四天王寺の賦算の段階でこの頌がお札に記されていたと思う）。

六字名号一遍法《ろくじみょうごういっぺんほう》

南無阿弥陀仏という六つの字からなる阿弥陀仏を讃える言葉は、すべての世界にあまねく伝わっている教えである。念仏こそ、世界の真理である。

十界依正一遍体《じっかいえしょういっぺんたい》

十界とは、地獄界、畜生《ちくしょう》界、餓鬼《がき》界、修羅《しゅら》界、人《じん》界、天上界の六界（六道輪廻《りくどうりんね》の世界）及び、声聞《しょうもん》界、縁覚《えんがく》界、菩薩《ぼさつ》界、仏界《ぶっかい》の悟りの四界をあわせた世界を意味する。すなわちすべての世界の国土、物、心身は一切の差別のない平等の存在なのだ。誰でも、どこにいても阿弥陀仏に救われる。

万行離念一遍証《まんぎょうりねんいっぺんしょう》

万行（すべての仏道修行）のなかで、自分の欲望世界（妄念）から離れた真の救いの行である念仏こそ、救いが世界にあまねくゆきわたっていることを示している。

人中《にんちゆう》上々《じようじよう》妙好華《みようこうげ》

この念仏を称えるものこそ、ひとのなかで最もすぐれたひとなのであり、それはまさに泥のなかに咲く白蓮華《びやくれんげ》にもたとえられる。

それぞれの句の最初の語（六、十、万、人）を集めると「六十万人」となるので、「六十万人頌」と呼ばれる。この場合、六十万人とは、決して具体的な六十万という人数を指すのではない。二祖他阿真教は、六十万人を目標にして札を配り、達成したならさらに次の六十万人をめざすという意味となると語っている。つまり、救うべきすべての人々のことをあらわすのである。

「一遍」とは、「一つにしてすべてに遍《あまね》く（一回かつすべての回数を覆《おお》う）」という意味で、一回のことを指すのではない。「名号の処《ところ》には一念十念といふかずはなきものなり」（『播州法語集』）と言う。一回称えるのも十回称えるのも同じことである。念仏を称えるのは、数を誇ることではない。

さらにもう一つの頌が記されてあった。それが「六字《ろくじ》無生《むしよう》の頌《じゆ》」と呼ばれる頌である。

六字之中　本無生死
一声之間　即証無生
（六字の中《なか》、本無《ほんむ》生死《しょうじ》、一声《いっしょう》の間《ま》即ち無生《むしょう》を証す。）

南無阿弥陀仏の六字の念仏を称えることにこそ、生と死の区別のない極楽浄土の救いの世界への道がある。ひとこえ、念仏を称えるわずかの瞬間に生も死もない別世界への道が開けてくる。南無阿弥陀仏と称えることで、阿弥陀仏も衆生も区別がなくなって、すべてが極楽往生できるのだ、という意味である。

さて、ひとりになった一遍は、京都、西海道を経て四国の伊予に戻る。建治《けんじ》元年（一二七五）秋のことである。翌年九州に渡り、かつて師とあおいだ太宰府の聖達上人のもとをおとずれた。

二人は、仏の教えについて語り合った。なぜ念仏が十遍ではなく一遍なのか、と問いかけられて一遍が、「十一不二の頌」を説明すると、聖達は感嘆した。百遍の念仏を受けよう（「さらば我は百遍うけむ」）と述べたと記されている。ここからもわかるように、一遍は窪寺の「十一不二の頌」において西山義を超えて新しい立場に移行したのだ。一遍の成道は窪寺においてだと考えるべきである。

踊り念仏

さて、一遍は、その後九州各地を歩き回る。そして建治二年（一二七六）、豊後国《ぶんごのくに》（現在の大分県中部及び南部）の武将大友兵庫頭頼泰《ひょうごのかみよりやす》が一遍に帰依《きえ》した。衣服の提供などを受けながら、その邸宅に滞在して、教えを説いた。この時に、最初の弟子となる「他阿弥陀仏《たあみだぶつ》（真教《しんきょう》）」が弟子入りした（異母弟の聖戒は時衆ではなかった）。真教（一二三七―一三一九）は、一遍と大友氏の屋敷で一夜語り合い、感動して直《ただ》ちに師弟の縁を結び、生涯同行《どうぎょう》した。なぜ一遍が「他阿弥陀仏」と名前を与えたかについては、遊行七代託阿《たくが》の執筆した「他阿弥陀仏同行用心大綱註《ようじんたいこうちゅう》」にある。漢文の大意を記す。

「他（者）とは十方衆生（この世のすべてのひと）である。十方衆生は阿弥陀仏の第十八本願によって往生し、阿弥陀仏は衆生の往生をもとにして正覚（完全な悟り）を明らかにできる。十方衆生と阿弥陀仏は一体（能所《のうじょ》（主体と客体）一体）であり、そのことをあらわすのが他阿弥陀仏である」。

一遍一行は、弘安《こうあん》二年（一二七九）春ころ、京都に入る。五条烏丸《からすま》の因幡堂《いなばどう》（現・京都市下京区烏丸松原東にある真言宗智山派平等寺《ちざんはびょうどうじ》）に民部法橋覚順《みんぶほっきょうかくじゅん》（寺の雑務担当）の世話でしばらく滞在したあと、八月になって信濃の善光寺に足をのばした。京都から信濃まで徒歩で四十八日（四十八本願の数と同じ）。そして善光寺に詣でてから、信州の佐久郡伴野《ともの》（現・長野県佐久市）で歳末別時念仏会《さいまつべつじねんぶつえ》（歳末に特定の期間を設けて不断に念仏する）を行って、年を越している。その後、小田切《おだぎり》の里（現・佐久市臼田《うすだ》町）にあった「或る武士」の館をおとずれた。そして、ここで初めて時衆の伝統となる「踊念仏《おどりねんぶつ》」が踊られた（踊り念仏の最初は、伴野の市庭《いちば》だという説（今井雅晴など）もあるが、この点に関しては、林譲《ゆずる》が小田切説の正当性を詳しく論じており、私も同意する。林譲二〇〇〇a、二〇〇四）。

踊り念仏は、空也《くうや》が京都の市屋《いちや》（昔の京都には左右（東西）の京に官設の市場があり、施設を市屋といった。ここは左京の東の市のこと）あるいは四条の辻で始めたと言われる。

さて、『聖絵』に描かれている小田切の里での踊り念仏の光景を見てみよう。一遍は、縁側に出て短い棒でなにやら食器のようなもの（「ひさげ（つるのついた鉄びんのようなもの）」）をたたいている。みなが信仰の喜びにつつまれて一心不乱に念仏を称えながら踊る。『聖絵』には、一遍が手帳のようなものに書き留めていたといわれる空也の言葉がひかれている（一部抜き出し訳出）。

「口にまかせて称える念仏三昧《ねんぶつざんまい》であるので、市中がそのまま道場だ。念仏の声にしたがって仏をみるのだから出てくる息がそのまま念珠である（信レ口称三昧市中道場　順レ声見レ仏息精即念珠）」。

街中がそのまま修行のための道場なのであり、信仰の法悦のなか、喜びに身をまかせて踊ることもまた修行である。「時衆の踊躍《ゆやく》念仏」とのちに呼ばれるようになる踊り念仏の始まりだった。

時衆・時宗

さて、一行は、信州から下野を経て奥州に向かう。そして奥州からまた関東に戻っている。武蔵国《むさしのくに》石浜（現・東京都台東区清川か？）に来たとき供の時衆四、五人が病に倒れて、一行から離れた。『聖絵』では、ここで初めて「時衆」という言葉が出てくる。一遍につきしたがう人々が時衆と呼ばれはじめていたのである。なぜ時衆と呼ばれたのかについては、諸説がある（出典は、すべて『定本　時宗宗典　下巻』）。

① 唐の善導の著『観無量寿経疏《しょ》』の「玄義分《げんぎぶん》」にある「十四行偈《じゅうしこうげ》」のなかの「道俗時衆等《どうぞくじしゅうとう》　各発無上心《かくほつむじょうしん》」に由来する（浅草日輪寺二十四世呑了《せいどんりょう》著『時宗要略譜《じしゅうようりやくふ》』、元禄十年（一六九七））。

② 僧尼《そうに》を各六班に分け、昼夜六時《ちゅうやろくじ》（一日を晨朝《じんちょう》、日中《にっちゅう》、日没《にちもつ》、初夜《しょや》、中夜《ちゅうや》、後夜《ごや》の六つの時に分ける）に念仏（六時念仏）した衆なので時衆と呼ばれた（著者不詳『時宗要義問辨《もんべん》』、十七世紀末から十八世紀初め）。

③　日々いつあの世からお迎えが来てもいい、という覚悟（「臨命終時《りんみようじゆうじ》」、略すと「臨終《りんじゆう》」になる）で念仏を称えた衆なので時衆と呼ばれた（常永寺・慈観著『神偈《しんげ》讃歎念仏要義《さんたんねんぶつようぎ》鈔《しよう》』奥書、寛文五年（一六六五）、『時宗要義問辨』）。

④　末法の時代に相応する教えを示す宗（「時教相応之宗故目《ニナヅク》二時宗《ト》一」）という意味である（『時宗選要記《じしゆうせんようき》』、沙門暦応述・成立年不詳）。

おそらくは六時念仏を称える宗門で、「臨命終時」をモットーにしている人々という意味合いで使われはじめたのだろうと思われる。

実は、一遍以前にも、六時念仏を称える者という意味で「時衆」という用語は使用されていた。たとえば、『平家物語』巻三にある「時衆」は、六時念仏を称える女房たちを指していた。前出の『私聚百因縁集』の「法然上人ノ事」には、「時衆十二人」の表記があり、長楽寺の定蓮房など、それぞれの寺院を拠点とする僧が特別に不断念仏を行う際に集められたときに「時衆」と呼ばれていた。

東大寺の俊乗房重源が、播磨別所として建立した浄土寺には、不断念仏をする「時衆」がいた。また、一遍が学んだ浄土宗西山義でも不断念仏を行って、「念仏衆」や「時衆」という言葉が使用されていた。

また一遍以後でも、「時衆」という言葉は、他宗派でも使用されていた。『高野山文書』

の正平《しょうへい》十年（一三五五）十一月の項に高野山灌頂院《かんじょういん》の祈りの時の「時衆」について記載がある。これも一遍の弟子筋とは思われない。その後も「時衆」という言葉が、一遍の門流に独占されていたわけでもないことがわかる（林譲二〇〇三）。なお、小野澤眞（二〇一二）は、「時衆」は、「ジシュウ」とも「ジシュ」とも呼ばれているが、呉音の「ジシュ」で読むべきだとする。時衆であっても阿弥陀仏号をもたないものもあれば、阿弥陀仏号をもっていても時衆ではない例もある。そのため、史料用語としての時衆は、「浄土門徒のうち浄土宗西山・鎮西派および真宗各派を除いた聖系統のもの」と考えると理解しやすいと指摘する。

また、「時宗」という宗派としての名前は、『大乗院寺社雑事記《だいじょういんじしゃぞうじき》』（興福寺大乗院門跡《もんぜき》の日記）「長禄《ちょうろく》四年（一四六〇）若宮祭田楽頭記」十四日条の「持（時）宗道場以下催之、大儀之時……」とあるものや、『蔭涼軒日録《いんりょうけんにちろく》』寛正《かんしょう》六年（一四六五）十一月十九日条の「清和泉守、勢州長福寺、久為二時宗道場一」とあるのが、おそらく初めだろう。だが時宗という宗派意識が明確になるのは、江戸時代の宗門統制以後のことである。

さて、弘安五年（一二八二）、一行は、いよいよ幕府のある中心地鎌倉に入ろうとして、ながさご（現・横浜市港南区野庭町永作《のばちょうながさく》あたり）に三日ほど泊まる。一遍は、鎌倉入りにあたって、ここで念仏勧進の道が絶えるようならば、これで最後と思わなければならないという覚悟を述べた（「鎌倉いりの作法にて化益《けやく》の有無《うむ》をさだむべし。利益《りやく》たゆべきならば、是を最後と思ふべき」）。

鎌倉へ・京へ

三月一日、小袋坂《こぶくろさか》（巨福呂坂《こぶくろ》、今の北鎌倉、建長寺の前から山を越え鶴岡八幡宮の脇に出る坂）から鎌倉に入ろうとする一遍一行に対して、「今日は執権・北条時宗《ときむね》（太守）が山内《やまのうち》（今の北鎌倉）に来られるからこの道からでは具合が悪い」と忠告する人がいた。だが、一遍は自分には思うところがあると申して、強行した。坂を下ったところの木戸を越えて進む一行に対して、山内の別邸に行こうとする北条時宗警護の武士たちが通行をはばむ。

『聖絵』を見ると、後方では一行に付き従ってきた、覆面をしてコモ・笠を担いだ乞食《こつじき》たちが武士に追い立てられている。警護の武士は、聖はどこにいるのか、と問いかける。一遍が「ここにあり」と述べると、「執権の御前でこのような無法をしてもいいのか。おまえがこのようなまねをするのは、名声をあげようと思ってであろう」と非難した。

幕府は、鎌倉の町に対して通行手段や服装の統制などの禁令を発していた。そのなかに乱行《らんぎょう》（女性を伴う、魚鳥類を食する、飲酒をする）をする僧たちの追放という統制もあった。行く先々で「踊り念仏」によって人々を興奮の渦に巻き込む時衆一団に対して、鎌倉幕府側は、秩序を乱す集団として目をつけていたのだろう。

一遍もこの鎌倉入りこそ布教にとって決定的に重要な意味をもつものだという決意があった。一遍は、非難に対して「名声などに興味はない。ただひとに念仏を勧めるだけである」と答えたが、武士は杖で二回一遍を打ちすえたのである。

「念仏を勧めることは、わが命そのものである。禁止するというのなら、どこへゆけばいいのか。ならば、ここで死をむかえよう」と一遍が述べると、武士は鎌倉の外なら禁止されていない、と答えたので、その夜は山の崖下や道端で念仏したのである。

すると、うわさを聞きつけた町の人々がどっと押し寄せてきた。翌日二日になると、一行は、片瀬（現・藤沢市片瀬）に入り、七日になると片瀬の浜の地蔵堂におちつき、七月十六日まで滞在することになる。ここで「踊り屋」を建てて、僧俗の人々が踊った。

弘安七年（一二八四）四月十六日、一遍一行は、京都の四条大路北、東京極大路東の釈《しゃ》迦堂《かどう》（現・京都市中京区新京極通四条上ル中之町の時宗・染殿院《そめどののいん》あたり）に入った。一遍をあがめる大勢の人々が参詣し、身動きもできないほどのにぎわいとなった。その後、因幡堂に移った。さらに、かねてから先達《せんだつ》とあおいでいた空也の遺跡である市屋《いちや》（現・京都市下京区門前町の西本願寺、同区花園町の興正寺《こうしょうじ》あたり）にしばらく滞在し、道場をひらいて教えを説いた。

一遍の死

その後、正応元年（一二八八）、故郷の伊予に戻ってくる。そして、正応二年（一二八九）、故郷伊予をあとにして、讃岐の国（香川県）を経て、一行は、阿波の国（徳島県）に移った。この頃から一遍の体調がおもわしくなくなっていく。淡路島を経て、七月に対岸の明石の港を経て、兵庫の島（現・神戸市兵庫区）の観音堂に移った。

八月十日の朝、持っていた経典をそばにいた書写山の寺僧に渡してしまう。さらに所持していた書籍などを、『阿弥陀経』を読経しながら焼いてしまった。お付きの僧たちは一遍の教えがその死とともになくなってしまうのではないか、と悲しんだ。それを見た上人は、「一代聖教《いちだいしょうぎょう》みなつきて、南無阿弥陀仏になりはてぬ」と述べた。

一遍は、もともと以前から「我が化導《けどう》は一期《いちご》ばかりぞ（わたしが念仏してみなに布教するのは私が生きている間だけのことだ）」と述べていたので、自分の死後は、所持していた書物も必要なくなるからという理由で焼いたのだろう。

「一代聖教」とは、釈迦（仏陀）が悟りを開いた（成道《じょうどう》）ときから亡くなる（入滅《にゅうめつ》）までの一生涯の教えのことを言う。釈迦の教えは多くの経典（『無量寿経』『阿弥陀経』『法華経』『華厳経』など）に語られているが、その教えがすべて「南無阿弥陀仏」の念仏ひとつになってしまった、この言葉ひとつに集約されてしまったのだというのである。

八月十八日、播磨の淡河殿《おうごどの》（当地の領主・淡河時俊《ときとし》）の女房というひとがきて、この女性に念仏札を授けた。これが最後に与えた札となった。さて一遍が十六年間にわたり配った念仏札の結縁者数は、『聖絵』には、「二十五億一千七百二十四人」と書かれている。

従来、「億」を「万」の記載間違いだとみなして、「二十五万一千七百二十四人」とされてきた。私も前著では、中世では「億」を「十万」とするから「二百五十万」という見方もある（梅谷繁樹ほか）ことは指摘したが、基本的に通説どおり二十五万と紹介した。今回は、この見方を撤回する。林譲と石塚勝の論考を検討した結果、「二十五億」は「二百五十万」だと結論する。理由を記しておきたい。
①「億」は、中世文書では「十万」の意味で使用されている事実がある。二祖真教は、六十万人賦算を何度も繰り返していると述べているから、六十万以下ではないことになる。十六年で二百五十万人賦算は、一年で十五万人であるが、法然弟子の源智が一年で四万六千人以上の寄附を集めて阿弥陀仏像を作ったことなどの例があるから、決して不可能な数字ではない（林譲二〇〇〇b）。
②日蓮の真蹟遺文中に日本の人口の記載があるが、いずれも「億」は「十万」の意味で使用されている。一日六百四十八人ほど賦算したことになるが、近世の例でも一日

六千〜八千に及んだことがあるから不可能ではない。当時の人口は五百七十万から六百二十万程度と推測されている。当時は、行基の試算で四百五十万〜五百万程度と考えられていたことが意識されており、人口の半数に賦算したと考えたことになる（石塚勝二〇一六）。

ともすると私たちは、近代的な発想で中世について勝手な推測をしてしまう。現代ではあり得ないことも、当時ではあり得たかもしれない。あるいは、実数そのものよりも、人口の半分にまで念仏の声が届いたと確信している事実を語っているのかもしれない。

さて、八月二十三日の辰（午前七時から九時の間）のはじめ（午前七時頃）晨朝礼賛《じんちょうらいさん》（朝のおつとめの経）の仏法僧の三宝に帰依する言葉が称えられている間に、一遍は静かに息をひきとった。

前に、臨終のことを聞いた人がいたが、上人は「よき武士と道者は死するさまをあだにしらせぬ事ぞ。我、をはらむ《おわらん》をば人しるまじきぞ（よき武士とよき修行者は、死ぬさまをむやみに知らせないものであろう。私の死ぬ時をひとは知らないだろう）」と語っていた。果たして最後はそのとおりで、五十一年の生涯だった。

そして遺戒《ゆいかい》では、決して後を追ってはならないと語られていたのに、海に身を投げた人たちが七人もいた。「時衆過去帳」の「僧衆」「尼衆」に載せられているのは、八月二十三日が僧二人（界阿弥陀仏、行阿弥陀仏）、尼一人（当仏房）で、二十四日が僧二人（無阿弥陀仏、陵阿弥陀仏）の合計五人。高野修によれば、あとの二人は結縁衆《けちえんしゅう》（在俗の信者。当時は「過去帳」に結縁衆は掲載されなかった）だろうと言う。

さて、一遍は、かねて「没後の事は我門弟におきては葬礼の儀式をとゝのふべからず。野にすてゝけだものにほどこすべし。但《ただし》、在家のもの結縁のこゝろざしをいたさんをば、いろふにおよばず（死後は私の門弟たちは葬礼の儀式をしてはならない。遺体は野に捨てて獣にほどこしなさい。ただ在家の人々に縁を結ぼうという気持ちがあるのなら、さまたげてはならない）」と語っていた。

だから、土地の人々がやって来て上人の弔いをしたいと申し出をしたので、残された聖戒たちは、それを許し、観音寺の前にある松の木のもとで火葬し在家の人々が墓を作ったのである。

二祖他阿弥陀仏真教

一遍が入寂《にゅうじゃく》した後、一番弟子の真教をはじめとして時衆の僧たちは、「すみやかに念仏して臨終すべし」と考えた。そして死ぬつもりで、上人が亡くなった観音堂から十四キロほど離れた険しい丹生山《たんじょうさん》に分け入ったといわれる。

朽ち果てそうなお堂（極楽浄土寺）のなかで念仏しながら死を待ち望んでいたその時だった。山麓にある粟河《おごう》（淡河）の領主が念仏札を受けたいといって、たずねてきた。真教は、「聖《ひじり》（一遍）はすでに臨終なされた。私どもは、修行の段階にいるものであって、さらに亡き聖の後を追って臨終しようとしているのです」として、念仏札は与えられません、と断った。すると領主は、このように縁を結びたいと熱望している人間がいるのに、どうして与えてもらえないのか、納得できない、と言い張った。そこで真教は、このように結縁してほしいと願う人々がいるのにいたずらに死のうとするのは、念仏者としては責を果たせないことになるのではないか、と考えた。

遊行の初期からともにいたので、一遍上人の言葉は、すべて覚えているのだから、その尊い言葉（金言）を人々に伝えようと決意したのである。こうして、ほかの弟子たちにも推されて真教は、時衆の指導者（知識）の地位につくことになる（以上は、宗俊編『一遍上人絵詞伝（縁起絵）』（一三〇三―一三〇七年にかけて制作。前半が一遍、後半が真教の伝記）第五の記述を翻案。『定本 時宗宗典 下巻』所収。以後『絵詞伝』と略称）。

この真教の初賦算《はつ》については、真教らが死のうとして丹生山に登ったという逸話は、後で創作されたものではないかという説がある。一遍が最後にその妻に賦算をしたことから、夫の淡河時俊に、一番弟子たる真教からの賦算を招請されて丹生山に登ったのではないか、という推論である（砂川博一九九九）。

砂川があくまで推測だと認めているように、実証できる史料は全くない。確かに、真教が、新指導者（知識）として教団を立ち上げる重要な場面なので、弟子たちによって脚色された可能性はある。とはいえ、裏付けが全くないので、事実として認めることは難しい。

真教は、一遍上人よりも二歳年長だが、出身については、九州豊後説と京都説とがあり、定まっていない。私は、おそらく京都の出身だろうと推測する。福井県敦賀市の西方寺《さいほうじ》が、明治二十八年（一八九五）に本山に提出した「書上」のなかに、真教に関する以下のような記述がある。一部抜粋する。

「二祖真教上人ハ他阿諱《いみな》ハ真教姓ハ藤氏山州洛陽《さんしゅうらくよう》ノ人父ハ羽林家《うりんけ》ノ某ナリ嘉禎《かてい》三年正月廿七日ニ生ル（以下略）」（『寺院明細帳7』）。

山州とは、山城国（京都府南部）のこと、洛陽は、東の京（左京）の意味だが、平安京では西の京（右京）が荒廃したため、そのまま京都の異名となった。したがって、京都の出身だということになる。羽林家とは、鎌倉時代以降の公家の家格の一つで、摂家《せっけ》、清華家《せいがけ》、大臣家《だいじんけ》に次ぐ格式の家で、近衛少将、中将を経て参議、中納言、大納言に昇れる。そのなかの藤原家の出という。

この西方寺の記載は、検討の余地があると思われる。元は敦賀の神楽町《かぐらちょう》にあった西方寺

（昭和二十四年（一九四九）に敦賀市松島の来迎寺内に移転）は、後述する「御砂持《おすなも》ち」の起源となった寺である。この寺と気比《けひ》神宮の間の沼地の道路整備が、真教に始まる「御砂持ち」の起源となる。この行事の記憶から、西方寺は地元では「二代様」と呼ばれていた。このため真教に関する伝聞が残っていてもおかしくはないだろう。これなら、貴族社会との接点があるので、真教の多彩な交友関係は、ある程度理解できる。

真教は、初めは浄土宗鎮西派に学んだとされるが、長澤昌幸《まさゆき》（二〇一七）によれば、そのような傾向はない。むしろ西山義の思想的影響のほうが色濃いと言う。近世の時宗教団は、教学を学ぶ学寮などをもたなかったため、西山義や鎮西義の学寮などで学ぶ僧が多かった。そのため、時宗宗学の整備の過程で、一遍が西山義を、真教が鎮西義を学んだという形で、教学上の融合をはかったのではないか、と推察している。

西山義を学んだとすれば、京都での歌人貴族たちとの交流についても納得がいくし、豊後での一遍との出会いも、西山義の人脈からだと推測できる。

真教は、また歌人としても知られる。詠んだ和歌は、千四百五十余をかぞえ、鎌倉期の一流の歌人貴族たち（冷泉為相《れいぜいためすけ》、京極為兼《きょうごくためかね》）との親しい交流があった（京極為兼撰『玉葉和歌《ぎょくようわか》集《しゅう》』にも真教の一首が収載）ことも知られている。

真教の歌が多く載せられている歌集は、藤原長清《ながきよ》撰『夫《ふ》木《ぼく》和《わ》歌抄《かしょう》』（三十六巻。一三一〇年頃に成立。万葉集以降の和歌から従来の撰にもれた約一万七千三百五十首を歌題によって分類した和歌集）である。この歌集には、真教の歌が三十一首、一遍の歌が七首採択されている。長清は、冷泉為相の弟子で、真教に熱烈に帰依して『他阿上人法語』中に「勝田《かつまた》証阿弥陀仏」として出てくる。法名は「蓮昭」。遠江国《とおとうみのくに》（現・静岡県）勝田荘《かつまたのしょう》の勝田長清という御家人である（橘俊道一九七五、石田善人《よしひと》一九九六「勝田証阿弥陀仏とその周辺」）。

ともあれ、時衆の指導者となった真教は、実質的に教団を創設したことになるので、宗門では「宗祖《しゅうそ》」と区別して「二祖《にそ》」と呼ばれる。

真教の遊行

さて、一遍の後を継いだ真教は、布教のために遊行の旅に出る。最初に向かったのは、北陸地方である。正応《しょうおう》三年（一二九〇）夏には、越前の国府（現・福井県越前市）に着いたあと、越前の惣社（総社大神宮《そうじゃだいじんぐう》、現・越前市京町）に招かれ、七日間参籠《さんろう》した。

その後、佐々生《さそう》（現・福井県丹生郡）、瓜生《うりゅう》（現・越前市）などで布教活動をして、冬には越前の惣社に戻って、歳末の念仏行を行う。十七日間、早朝に水を浴び、一日一食で常時念仏を称える厳しい修行であった。そして、ここで年を越したのである。

正応四年の夏には、加賀の今湊《いまみなと》（現・石川県白山市）や宮越（現・金沢市）などにおもむく。

そして正応五年の秋ころには、人々の招請に応じて、再び越前の惣社に参詣した。このとき多くの人が帰依した。そのため、これを激しく嫌った平泉寺《へいせんじ》の法師たちに襲われた。

平泉寺は、比叡山延暦寺傘下の寺で、霊応山平泉寺といい、越前の白山《はくさん》信仰の中心のひとつで、中世の最盛期には、僧兵八千人をかかえる一大勢力だった（白山は、石川、福井、岐阜にまたがって聳《そび》える標高二七〇二メートルの山だが、富士山、立山と並んで日本三大霊山の一つ。白山に関わる山岳信仰の総体的な名称が白山信仰。平安末期白山寺などが天台寺院となっていた）。

迫害を受けたので、真教一行は、難を逃れて加賀、さらには正応六年には越後（新潟県）のほうへと移る。その後永仁二年（一二九四）から四年までの布教については詳しくはわからないが、おそらく越後で布教活動を行っていたのだろう。

そして永仁五年（一二九七）には上野国（群馬県）を経て、六月、下野国小山（栃木県小山市）の新善光寺の如来堂に滞在した。翌年武蔵国村岡（現・埼玉県熊谷市）で病に臥した。この地で「他阿弥陀仏同行用心大綱」という文章を記した。本文十八句にわたって時衆が守るべき覚悟・用心の心得を示す文章である。

厭捨草庵　不惜露命
守出家心　不帰在家

不軽神明　帰敬三宝
恒堕地獄　誓永不破
信人為伴　謗人不背
道理任他　僻事領納
軽命如塵　不延臨終
称名憑生　心有深信
身礼敬仏　口常念仏

（草ぶきの庵（道場）を捨て、露のようにはかない命を惜しまない。出家（僧）としての精神を守り、俗世間に戻らず、神々への敬意も忘れず、三宝（仏と法と僧）を大事にする。いつも楽をせず地獄にいるかのような気持ちをもちつづけ、仏への誓いをとこしえに破ることはない。信仰する人を友として、ののしる人にも背を向けることはしない。俗世間の規範や考え方に関わりをもたず、うけながしなさい。仏にささげたこの命だから、生きることにしがみつくことをせず、死ぬことを延ばそうとも思わないのだ。「なむあみだぶつ」のお念仏をたよりとして心からお祈りをする。常に御仏をうやまい、お念仏を称える。）

真教は、病が癒えたあと、再び越中国（富山県）に戻ったと言われている。伏木《ふしき》（高岡市）や放生津《ほうじょうづ》（現・射《い》水《みず》市）で教えを広め、越後国を経て信濃国（長野県）の善光寺に参詣する。七日間お堂に籠もって修行した。その後甲斐国（山梨県）を経て、相模国（神奈川県）に入り「雲よりも高く見へたる富士の根の　月に隔たる影やなからん」の歌をよんだ。

さて、真教一行は、正安三年（一三〇一）春には、再び越前国敦賀《つるが》（現・福井県敦賀市）に入った。神楽にあった西方寺（この時に時宗に改宗）に滞在中、角鹿笥《つるがのけ》飯《い》大神宮（現在の敦賀気比《けひ》神宮）に参拝したときに、参道造成のために時衆とともにみずからもっこを担いで海浜から砂を運んだ。近隣の人々も時衆に協力し、七昼夜かけて西門参道を造成したと言われる。

この出来事を記念して、真教の指示で東門にあった大鳥居が西門参道正面に移された。遊行上人を法灯相続《ほうとうそうぞく》（暗闇を照らす灯明《とうみょう》としての仏法を師から弟子に伝える）した歴代上人は、必ずこの造成作業を再現する「お砂持ち（遊行の御《お》砂持《すなもち》）」行事を行うようになった。俳人松尾芭蕉《ばしょう》は、延宝七年（一六七九）陰暦八月十四日に敦賀に到着し、遊行上人の事蹟を聞いて、のち『奥の細道』のなかに以下のように記している。

往昔《そのかみ》、遊行二世の上人大願発起《たいがんほっき》の事ありて、みづから草を刈《かり》、土石《どせき》を荷《にな》ひ、泥渟《でいてい》をかわかせて、参詣往来の煩《わずらい》なし。古例今にたえず、神前に真砂を荷ひ給ふ。「これを遊行の砂持と申侍《もうしはべ》る」と亭主のかたりける。

月清し　遊行のもてる　砂の上

その後、真教一行は、越前国を出て、十月、伊勢国に入り、十一月の初めには櫛田の赤《あか》御堂《みどう》（三重県松阪市）に逗留《とうりゅう》した。

正安四年（一三〇二）八月には一遍が入寂した場所に創建された真光寺（現・神戸市）で、上人の十三回忌の法要をいとなんだ。真教は、建立されていた一遍の御影堂《みえいどう》に詣でた時、上人存命の頃のことを思いだして涙があふれ、とまらなかったと伝えられている。

網野善彦（一九九七）は、一遍の死後、教団形成を行った真教が、遊行伝道した場所が、越前、越中、越後、加賀など日本海側の港町（津・泊）であったり、都市的な場が多かったことを指摘している。京都の貴族社会出身の真教は、土地勘がある場所でもあり、経済活動が活発な地域なので、新しい宗派として多くの信者を得られると見込んでいたのかもしれない。全国を回った一遍と異なり、特定の地域に限って長く滞在し、拠点（道場）を作り布教するというのが、組織者としての真教の布教の特徴だった。

知識帰命

さて、真教を語る場合、避けられないテーマがある。「知《ち》識帰命《しききみょう》」の問題である。

まず、『絵詞伝』第六巻三段に、真教が上野国で時衆に入りたいと申し出た武勇を業《なりわい》とする男に対して、念仏さえ称えれば往生できるのだから、出家する必要はない、とさとすエピソードがある。それでも出家したいというのなら、「此の時衆に入る者は、今身《こんじん》より未来際《みらいさい》を尽《つく》して身命《しんみょう》を知識に譲り此の衆中にて永く命をほろぼすべし（以下略）」と述べたという。それだけ必死の決心が必要だとさとしたので、男は出家を思いとどまった。

ここに初めて「身命を知識に譲り」という表現が出てくる。時衆教団入門の際に、知識（遊行上人）に絶対服従して命をあずける（知識帰命）入門儀礼を「帰命誓戒《きみょうせいかい》（帰命戒）」という。教団から出ないこと、男女の愛執《あいしゅう》を侵さないことなど十八条にわたる「時衆制誡《せいかい》」が定められている。教団に入るにあたって、鉦《かね》を打ち鳴らして「今身より未来際を尽して身命を知識に譲り……」と誓うのである。命令に背いて悔い改めない時衆は追放された。

かつて橘俊道（一九七五）は、「時宗の知識帰命はやはり一遍にはじまり、二祖真教に至って強調され」たと説いた。大橋俊雄（一九七八）もこの立場をとる。

これに対して、今井雅晴（一九八二）は、真教が書いた『奉納縁起記』にある文書を根拠にした議論であって信頼できないとする。真教が教団の指導者としての地位を固めるための文書である以上、指導者への絶対的服従を原則としたかったために作られた文書だろうと言う。

高野修（二〇〇三）も、一遍は教団を作る意図などなかったのだから、誓戒もその必要はなかったとする。私も真教による教団創設にあたっての時衆統制だろうと思うので、一遍在世の時期にはさかのぼれないだろうと思う。真教は、一遍遊行に付き添いながら、集団内部のさまざまなもめ事（僧尼の性愛問題も含む）の調停役をつとめていたと思われる。そのために、カリスマ性のあった一遍亡きあと、集団統制のためにはぜひ誓戒が必要だと考えたのだろう。

ところで、この「知識帰命」が、なぜ問題になるのかと言えば、浄土真宗の「異端」問題のなかにあらわれてくるからである。覚如《かくにょ》（一二七〇―一三五一、親鸞の曾孫で本願寺三世）は、『改邪鈔《がいじやしよう》』のなかで「知識帰命」が異端であることを告発している。

「たゞちに凡形《ぼんぎよう》の知識をおさへて如来の色相《しきそう》と眼見《げんけん》せよとすゝむらんこと、聖教《しようぎよう》の施設（東本願寺版『真宗聖典』では「指説」）をはなれ祖師の口伝《くでん》にそむけり。本尊はなれ、いづくのほどより知識は出現せるぞや。荒涼なり髣髴《ほうひ》なり。（中略）その知識のほかに別《べつ》の仏《ぶつ》なしといふこと、智者《ちしや》にわらわれ愚者《ぐしや》をまよはすべき謂《いい》これにあり。あさましあさまし」。

凡形の僧（知識）を如来の姿だと見なさい、とは聖教にそむき、親鸞聖人の伝える言葉にそむくものである。本尊を離れてどこから知識（布教者たる僧）が生まれようか。知識（僧）が仏そのものだなどということは、智者には笑われるし、愚かな者をまどわすだけである、と覚如は批判する（笠原一男一九六二）。

笠原一男は、僧だけを頼めば救われるのだ、という知識帰命の異端について、本願寺中心主義を否定する分派行動だとして批判したのだとする。むろん、浄土真宗のなかでは、覚如が親鸞の墓所を本願寺として本山にしたばかりで本願寺派の基盤が弱く、関東の高田派や仏光寺《ぶっこうじ》派《は》の勢いが強かった時代なので、あえて分派批判をしたのだろう。

もともと『改邪鈔』は、了源《りょうげん》（一二九五―一三三五、空性《くうしょう》。覚如の子存覚に受学。真宗仏光寺創建）と仏光寺派を論難した書として知られている。だが、一遍や真教（他阿弥陀仏）についても名指しで批判している。おそらくは、時衆から流れ込んだ門徒もおり、仏光寺派には時衆の影響が色濃かったとも言われる。

宮崎円遵《えんじゅん》（一九七二）は、了源（空性）の師・鎌倉甘縄《あまなわ》の明光の師（誓海）の師である了海の著書に、知識のほかに教わるべきもののないことを説く箇所があることを指摘している（「まことにしかるべき知識にあひたてまつり、本願他力をさづけられたてまつりて信じてこそ往生はすれ」）。時衆の「知識帰命（遊行上人への絶対的帰依）」が投影されていると論じ、了源の系統における時衆的なものは、かなり以前に発しているとする。また親鸞弟子の真仏《しんぶつ》（一二〇九―五八）が率いた高田派から出た荒木門徒も、鎌倉末期には時衆の影響を強く受けていたことを指摘している。

神田千里（一九九一）も、遊行上人が死霊を成仏させる力をもつと考えられていたことを指摘しつつ、真仏や顕智《けんち》（生没年不詳、高田派専修寺《せんじゅじ》三世）が救済能力をもつ「聖」と呼ばれていたことを指摘している。

さらに、戦国期に真宗教団を強大化した本願寺八世の蓮如《れんにょ》（一四一五―九九）もまた、次のように「知識帰命」を批判している。

僧（善知識）がなしうることは、一心に弥陀に帰命しなさいと勧めることだけであって、僧の力だけで往生することなどない（「帰するところの弥陀をすてゝ、たゞ善知識ばかりを本とすべきこと、おほきなるあやまりなり」。文明《ぶんめい》六年（一四七四）五月に越前国吉崎《よしざき》で出された「御文《おふみ》」。笠原一男一九六二）。

これほどまでに、「知識帰命」が門主から批判・論難されるというのは、真宗に流れ込んだ時衆がそれほど多かった、ということだろう。

遊行の相続

ともあれ、真教は各地での布教を続けたが、老齢になり遊行が思うように行えないという理由から嘉元《かげん》二年（一三〇四）一月（九月説もある）、量阿智得《りょうあちとく》（一二六一―一三〇四）に遊行の法灯相続（遊行回国を継承すること）をした。そして相模の当麻山無量光寺《たいまさんむりょうこうじ》（現・神奈川県相模原市南区当麻）に住むことになる。時衆では以後、これを独住《どくじゅう》という。

「なぜ遊行をやめて独住したのか」については、一遍の遊行十六年を超えないためであるという推測、あるいは遊行だけではなく全国各地に道場をもうけて念仏を勧めるほうが効果的だと考えた、という推測が可能である。正和《しょうわ》五年（一三一六）の段階で、真教の書状をみると、道場が百ヶ所にものぼっていたことがわかる。真教が拠点とした当麻は、交通上重要地点であり、鎌倉にも近く、ここから指示を出すために各地に出向くにしても便利な場所だった（今井雅晴一九八一）。

あるいは、正安《しょうあん》三年（一三〇一）、鎌倉幕府によって「一向衆」の諸国横行を禁止する御教書《みぎょうしょ》（将軍の意を受けて出される奉書）が出され、諸国を放浪する僧を取り締まる動きが出てきたことへの警戒だという説もある。筧雅博《かけひまさひろ》（二〇〇一）によれば、幕府が取り締まろうとしたのは、一遍の流れを汲む遊行者だったらしい。むろん当時は、一遍門流の時衆だけではなく、一向俊聖《いっこうしゅんしょう》（一二三九―八七、浄土宗三代の良忠の門下で一遍と同時期に諸国遊行、踊躍念仏《ゆやくねんぶつ》も行う）の一向派もともに「遊行者」とくくられていたのだろう。

また「一向」と呼ばれていた浄土真宗でも、規制が専修念仏に向けられる怖れを感じて、親鸞の孫（覚信尼の子）にあたる唯善《ゆいぜん》（一二六六―？）が、幕府政所《まんどころ》に自分たちは「諸国横行」者ではないことを多額の金銭を投入して申し立てている。その結果、布教を免許するとの下知状《げちじよう》が出された。

さて、遊行を法灯相続するにあたって、三代となった智得に対して、真教は手紙で以下のように述べて、量阿弥陀仏《りようあみだぶつ》という本来の名前を捨てて、自分が名乗った「他阿弥陀仏」を名乗るように勧めている。知識の位は、代々「他阿弥陀仏」を名乗り、継承されてゆくべきものであるという原則ができたのである。

「然《しか》れども知識のくらゐになりては、衆生の呼《よぶ》ところの名なれば、自今已後《じこんいご》は量阿弥陀仏を捨て他阿弥陀仏と号せらるべし。この名は一代のみならず、代々みな遊行かたにうけつぐべきなり」（「三祖上人へつかはさる御文」、前掲『他阿上人法語』）。

以後、遊行上人は、代々「他阿《たあ》（弥陀仏）」を名乗って今日にまで至っている。真教は、文保《ぶんぽう》三年（一三一九）、一月二十七日に入寂《にゆうじやく》（逝去）した。

組織者・真教

さて、研究者の多くは、「捨聖一遍」を評価するあまり、組織者・真教への評価は辛《から》い。しかし、時衆教団を実質的に形成したのは真教である。一遍入滅後、念仏聖の集団が解体したままなら、一遍は単なる「融通念仏の聖」として知られるにすぎない存在として忘れ去られただろう。異母弟の聖戒一人なら、巨額の資金面（支援者は太政大臣の土御門定実《つちみかどさだざね》説が有力）でも制作スタッフ（園城寺《おんじょうじ》（三井寺《みいでら》）の円伊の工房説が有力）集めを考えても『一遍聖絵』（遊行寺蔵、国宝）を制作することは不可能だった、と言っていい。真教は、自分の貴族社会のネットワークを通じて、時衆の組織化（道場の設置と僧の常駐）を企図し、後世に一遍の教えを伝えるという役割に徹したのである。

室町時代の時衆の中心域は、越後から越中・加賀・越前を経て近江・山城に至る帯状地域と、相模を中心に武蔵・下野などの関東地方、両地域を結ぶ回廊としての甲斐・信濃、さらに一遍にならって必ず遊行せねばならぬとされた陸奥《むつ》（他宗派がまだ浸透していない）である。ここに真教による時衆教団の基盤地域が置かれていた（石田善人一九九六）。

私の寺（真教寺）も含め、現存する時衆（宗）寺院の多くが、真教の布教によって時衆（宗）寺院となり、真教を開祖としている事実（現存寺院八十七ヶ寺）は無視できないのである（高野修二〇一六）。

真教以後の時衆教団

真教の入寂に続いて元応《げんおう》二年（一三二〇）、今度は、三代智得が入寂する。すると遊行四代を相続し、各地を遊行していた呑海《どんかい》（一二六五―一三二七）と智得から後継者を譲られたと主張して他阿を名乗る無量光寺の内阿真光《ないあしんこう》（一二八〇―一三三三）との対立が生じた。それまでは、二祖真教が創建し、そこで入寂した当麻《たいま》山無量光寺《さんむりょうこうじ》が時衆教団の本山だった。遊行四代を引き継いだ呑海（有阿弥陀仏《ゆうあみだぶつ》）は、相模国俣野《さがみのくにまたの》荘《しょう》の地頭《じとう》・俣野《またの》五郎景平《ごろうかげひら》の実弟と伝えられている。呑海は、遊行の旅に出てまだ二年にもならないので、智得の入寂後も無量光寺に戻らなかった。智得まで三代にわたって、遊行上人は十六年間の遊行を行っていたから、呑海も当然十六年間の遊行をめざしていた。

ところが、教団内部の政治勢力にかつがれて当麻山を継いだ真光は、遊行四代呑海を無視して「他阿」を名乗った。呑海としてはこれを許すわけにはいかなかったのである。こうして、当麻山無量光寺は、遊行上人と絶縁することになった（時衆遊行派《ゆぎょうは》と分かれて当麻《たいま》派《は》となる。橘俊道一九七五「藤沢・当麻対立について」）。

呑海は、こうして諸国を回る遊行をやめ、五代安国《あんこく》（一二七九―一三三七）に譲った後、正中《しょうちゅう》二年（一三二五）、藤沢に隠棲の寺として藤沢山清浄光院《とうたくさんしょうじょうこういん》を開いた。創建にあたっては実兄の俣野五郎景平の援助があったとされる。以後、遊行上人は、諸国を回る遊行をやめて隠棲すると藤沢山の住職（藤沢《とうたく》上人）となった。

さて、念仏札を配る賦算という行為は、一遍としては一代で終わるつもりだったろうから、弟子の真教に後を託したわけではない。特に許可されたわけではないものの、真教が継承した賦算という儀式は、真教によって三人の弟子に認められている。一人は、三代を継承した智得、二人目は、四代を継承した呑海、そしてもう一人の弟子が、浄阿真観《じょうあしんかん》（一二六八―一三四一）である。

呑海は、遊行相続する前に、真教から賦算の資格を与えられている。呑海は、当初は、真教に従って遊行していた。正安三年（一三〇一）、真教が京都で布教していたおりに、大仏師の十代康弁から大仏師の定朝の邸宅地であった七条東洞院《しちじょうひがしのとういん》の地（金光寺文書「比丘浄《びくじょう》阿弥陀仏《あみだぶつ》私領寄進状」では塩小路《しおこうじ》北高倉西面）を寄附された。運慶の建てた地蔵十輪院も四百五十メートルほどの距離の八条高倉にあった。また七条仏所と呼ばれた運慶以来の仏所も四条あたりにあったと思われるので、この地は仏師たちに所縁《ゆかり》の深い場所だったのだろう（なお康弁は、時代が違うので運慶の三男の康弁ではない。金光寺文書の「本朝大仏師正統系図」では、元祖定朝で六代運慶、七代湛慶、八代康運、九代康勝の後となる（清水善三一九八二））。

真教は、寄進された土地に有阿弥陀仏（呑海）に命じて道場を建てさせた。これが七条道場の黄台山金光寺《こうだいさんこんこうじ》である。金光寺と大仏師たちとは深いつながりがあった。定朝以下の大仏師二十六人（初祖の定朝から二十六代の康祐まで、ほかに快慶の名もある）を「当代檀越《だんおつ》大仏師代々覚阿弥陀仏《かくあみだぶつ》」として供養してきたらしい。

そして、正和五年（一三一六）二月十三日、真教から金光寺の有阿弥陀仏（呑海）に書状が送られた。念仏の形木（賦算札の摺木《すりき》）一つを遣わすということで、すでに浄阿（後述）

に賦算を認めているために、呑海にも京都に限定して賦算を認めたことになる（菊地勇次郎二〇一四「遊行上人と七条道場金光寺」、毛利久一九八四、村井・大山編二〇一二）。

さて、もう一人の弟子・真観は、上総国《かずさのくに》（現・千葉県中部）に牧野太郎頼氏の子として生まれ、十九歳で出家した。諸国修行し、法燈国師心地房覚心の勧めで熊野に詣でて、夢告により念仏を勧進する遊行聖となった。正安二年（一三〇〇）、上野国を遊行中の真教と出会い、弟子となって浄阿（浄阿弥陀仏）と改め、真教とともに遊行した。

その後延慶《えんきょう》二年（一三〇九）に布教のため京都におもむき、四条京極の祇陀林寺《ぎだりんじ》釈迦堂に身を寄せた。応長元年（一三一一）、後伏見《ごふしみ》上皇（一二八八―一三三六）の妃である寧子《ねいし》（西園寺《さいおんじ》公衡《きんひら》の娘、後の広義門院《こうぎもんいん》）の難産に際して、祇陀林寺の浄阿弥陀仏の念仏札を護符にとの夢告があった。浄阿から三枚の念仏札を受けたところ、無事に皇子（後の第九十六代光《こう》厳《ごん》天皇、一三一三―六四）が生まれたという（「浄阿上人伝」（寛正四年（一四六三）成立。甘露寺《かんろじ》親長《ちかなが》（権大納言、出家して蓮空《れんくう》。一四二四―一五〇〇）筆。後花園天皇花押《かおう》あり）、「浄阿上人絵詞伝」（青蓮院尊応《しょうれんいんそんおう》（天台座主。一四三二―一五一四）筆、土佐光信《とさみつのぶ》（足利将軍家の絵所預《えどころあずかり》、「清水寺縁起絵巻」など）画、文明年間（一四六九―八七）成立か。いずれも『定本　時宗宗典　下巻』所収。光厳天皇は正和二年（一三一三）の誕生なので、橘俊道補注では、応長元年（延慶四年四月改元）誕生は珣子内親王《じゅんしないしんのう》ではないかとする）。

この功績により、浄阿は後伏見上皇から上人号を賜り、祇陀林寺を錦綾山太平興国金蓮寺《きんりょうざんたいへいこうこくこんれんじ》と改めた。このことが真教に伝わると、真教から六十万人知識の形木名号《かたぎみょうごう》と印可状《いんかじょう》が届けられた。真教は、当麻に隠居してまだ上人号を賜っていなかったので、浄阿が上奏して、真教に他阿上人号が許可された。後、真教が金蓮寺に立ち寄った際に、寧子から浄阿にも賦算を許可されるようにと申し述べられたため、浄阿にも賦算が許可された。ただし洛中（京都）に限定されていた。

浄阿は、京都布教を考えた真教の命によって派遣されたとみられる。真教は、自分の貴族社会のネットワークを通じて、貴族層の時衆教義への強い関心を知っていたのだろう。浄阿に洛中への賦算権を与えたことを示す文書の「印可状」には、当寺開山者は、「大上人の代官」という記載がある。真教の代官という記述に、浄阿が、真教から京都布教を託されたことがうかがえる。和歌の二条派重鎮・歌人頓阿《とんあ》（二階堂真宗、一二八九—一三七二）は、浄阿と親交を結び、真教とも手紙のやりとりをしている（阿部征寛一九八二）。

時衆諸派

さて、俗に時衆十二派（遊行派・当麻《たいま》派・六条《ろくじょう》派・市屋《いちや》派・四条《しじょう》派・御影堂《みえいどう》派・解意《げい》派・霊山《りょうぜん》派・国阿《こくあ》派・奥谷《おくたに》派・一向《いっこう》派・天童《てんどう》派）と言われる。このうち、一向派と天童派は、門徒を時衆と呼び、踊り念仏も修した一向俊聖を祖とする門流なので、一遍の門流ではない（『天狗草紙』のなかで踊り念仏の風儀を非難されたのは、馬衣を着ていたので一向派のことだったらしい。大橋俊雄一九七八、細川涼一一九九七）。十二派という名称ができたのは、寛永九年（一六三二）から十年の江戸幕府統制（各宗に末寺帳の提出を命令）の際である。それまで別個に活動していた遊行聖＝時衆が「時宗」という一つの宗派として形式化されたため、便宜的に「十二光仏」から十二の派とされたのだろう（浅草日輪寺《にちりんじ》住職其阿呑了《ごあどんりょう》（後に四十八代上人）の『時宗要略譜』（一六九七）に初出）。

もともと遊行派が中心で、一向派・天童派を除くあとの派は、そこから分派したと考えていい。遊行派は、寛永十年（一六三三）に「時宗藤沢遊行末寺帳」（国立公文書館内閣文庫蔵）を提出したが、他派は提出しなかった。そのため、これが時宗唯一の台帳とされ、清浄光寺（遊行寺）を本山とする遊行派が頂点に立ったのである。

さて、遊行派以外で勢いがあったのが、金蓮寺を本山とする四条派である。金蓮寺は、佐々木道誉《どうよ》（高氏《たかうじ》、一二九六―一三七三。室町幕府の守護大名。婆娑羅《ばさら》大名として連歌・茶道などに通じていた）や佐々木一族の帰依を受け、延文元年（一三五六）四条京極の土地を寄進されている。室町期には足利義満（三代将軍、一三五八―一四〇八）などの庇護を受けて隆盛を誇った。幕府から「四条以北、錦小路以南、京極以東、至于鴨河（鴨河に至るまで）」の領域所有を承認されている（一三八七年）。また「鴨河西岸地」所有も認められたが、これが「四条河原」西岸の土地だったのだ（下坂守二〇一六）。近世には、四条河原の芝居興行権を、すべてとは言えないが所有していた。塔頭《たっちゅう》十六坊、末寺二十五ヶ寺があった。

他派について、ごく簡単にまとめておく。

当麻派　無量光寺の真光によって分離。衰退するが、江戸期まで独自に存続。近代になって時宗と一体化。

六条派　一遍異母弟の聖戒が開山の紫苔山河原院歓喜光寺《したいさんかわらいんかんきこうじ》。聖戒自身は時衆ではない。六条大路南の六条道場。延宝四年（一六七六）遊行派に加入。近年まで『一遍聖絵』を所蔵。『聖絵』が「六条縁起」と呼ばれるのは、歓喜光寺が六条道場と呼ばれていたからである（歓喜光寺の末寺として、後述する霊山《りょうぜん》とは全く関係のない霊山塔頭霊山道場行福寺《ぎょうふくじ》があったことが指摘されている。林譲一九八一）。

市屋派　一遍に帰依した唐橋法印《からはしほういん》が作阿弥陀仏《さあみだぶつ》となり、その寺が市屋道場金光寺となった。七条の金光寺と同名。豊臣秀吉の都市改造のため、六条河原に移転。江戸期に遊行派に統合。

御影堂派　派名は、京都の新善光寺御影堂に由来。後嵯峨天皇の皇子で一遍に帰依した王阿が再興したので王阿派とも呼ぶ。

解意派　派の祖は解意阿《げいあ》観鏡《かんきょう》。八田知家の七男で知勝（通称七郎）。知家の父は、宇都宮宗綱の子（養子）だが、実は源義朝（頼朝の父）の十男である。七郎は、浄土宗西山義の証空の弟子となった。安芸にいた兄の常陸移住に伴い、常陸宍戸城内に堂を建立。これが如（女）体山広島院新善光寺なのだが、菊地勇次郎は、新善光寺は創建当初は、西山義の寺だったのではないか、とする。通例は、一遍の安芸布教時の弟子ということになっているが、真教とつながった宇都宮氏との関係で呑海に従ったのではないかと言う。解意阿の著『防非鈔《ぼうひしょう》』は遊行派と異なる独自の規律を定めており、支援者の宇都宮氏、宍戸氏、小田氏などを背景に遊行派から離れた独自のポジションをもっていた。建武元年（一三三四）には、新善光寺は、後醍醐天皇から解意派の勅額を受けるなど独特の一派として認められていた（「常陸の時衆」『浄土信仰の展開』所収）。

霊山派《りょうぜんは》　霊鷲山無量寿院正法寺《りょうじゅせんむりょうじゅいんしょうぼうじ》。一帯が霊山《りょうぜん》と呼ばれる（霊鷲山とは、インド・ビハール州のほぼ中央に位置する山。釈迦が無量寿経や法華経を説いたとされる。中国・日本での略記が霊山）。遊行七代託阿《たくが》に師事した国阿《こくあ》（のちに後小松天皇から上人号勅許）が、永徳三年（一三八三）天台僧の光英から天台別院の正法寺を贈られた。嘉永七年（一八五四）遊行派に加入。長楽寺、安養寺など末寺で、円山公園や霊山護国神社一帯がすべて境内地。社寺上知令《じょうちれい》（一八七一年）で没収。山中付近のみ残る。

国阿派　国阿が天台僧から譲り受けた雙林寺《そうりんじ》を本山とするが、明治維新後、天台宗に復帰している。

奥谷派《おくたに》　松山道後湯月町の宝厳寺《ほうごんじ》。一遍誕生の地とされる。旧地名の奥谷が派名となった。正応《しょうおう》五年（一二九二）仙阿《せんあ》（一遍、聖戒の弟とみられる）が奥谷派を開く。

一向派（本寺は現在の滋賀県米原市にある番場《ばんば》蓮華寺《れんげじ》とその末寺百七十四ヶ寺）と天童派（山形県天童市の仏向寺《ぶつこうじ》とその末寺四十六ヶ寺だが、江戸期貞享三年（一六八六）、一向派に編入）は、一向俊聖の門流だが、江戸幕府の統制で時宗に編成された。幕末以後、遊行寺との争いがあり、最終的には昭和十七年（一九四二）に蓮華寺、仏向寺含む一向派五十七ヶ寺が離脱して浄土宗に編入、真福寺ほか二十九ヶ寺が時宗に残留している。このため一向派の系統は途絶えた（以上は、梅谷繁樹二〇〇七、祢宜田・高野編一九八九）。

時衆の社会的活動とその文化――陣僧

五代上人安国《あんこく》（一二七九―一三三七）は、相模国渋谷《さがみのくにしぶや》（現・神奈川県大和市）の出で、陸奥仙台領主・大崎大膳大夫源義孝の子との説がある。

遊行三年にして呑海の入寂のためにあとを継ぎ、遊行寺に独住する。伯耆《ほうき》の安養寺《あんにょうじ》の縁起によれば、後醍醐天皇の皇女瓊子《たまこ》内親王が安国に帰依して時衆安養尼となり、元弘三年（一三三三）に安養寺（現・鳥取県米子市）を開いたとされる。延元四年（一三三九）に入寂し、以後十五代まで尼寺であった。

ただし、内親王が帰依したのは、時期的にみて、安国ではなく六代一鎮《いっちん》（一二七七―一三五五）だったのではないか、と高野修や祢宜田修善（一九八九）は述べている。なお、六代一鎮は、越前で帰依した足利尊氏（室町幕府初代将軍、一三〇五―五八）から寺領六万貫の寄進を受けた。また、院号を寺号にするようにと指示があり（後光厳天皇真翰額《ごこうごんてんのうしんかんがく》を賜る）、それまでの清浄光院から清浄光寺にあらためている。

なお、建武元年（一三三四）に作られた「一鎮上人座像」（元七条道場金光寺にあり、現在長楽寺蔵）は、「幸俊」作とされるが、慶派の「七条仏所」の康俊らしい（山本勉二〇一五）。

さて、この五代安国の時代は、鎌倉幕府滅亡の時代でもあった。至るところが戦場となり、武士たちに広く支持されていた時衆の僧は、この戦場にまでおもむいている。『太平記』の記述によれば、元弘三年（一三三三）二月、幕府軍が楠木正成《くすのきまさしげ》の赤坂城を攻めた際に、人見恩阿《ひとみおんあ》（北条高時の家臣、一二六一―一三三三）と本間氏に時衆聖がついていて、戦死した二人を葬ってその遺品を持ち帰っている。

また北条高時《たかとき》（鎌倉幕府十四代執権、一三〇四—一三三三）が自刃《じじん》し、家臣・南部《なんぶ》茂時《しげとき》（一二九九—一三三三）も切腹した際に、茂時の従臣佐藤彦五郎は茂時の遺骸を藤沢道場（当時の清浄光院）に運んで五代安国の引導を願い、正阿弥陀阿仏号を授与され、彦五郎（檀阿弥陀仏）以下六名も殉死したという。茂時の墓は今も清浄光寺にある。時衆僧は、敵味方いずれの戦死者にも供養碑をたてて弔った（『時宗教団史』、『遊行・藤沢歴代上人史』）。

このように、鎌倉幕府末期から南北朝期に時衆僧が合戦に従軍し、死者に十念を与えて弔い、戦後には形見の品を遺族に届けたり、最後の模様を語る活動を行っている。これが、時衆のいわゆる「陣僧《じんそう》」であるが、五代安国の時代が初期の形態だろう。戦場におもむき死者を弔い、場合によっては、河原者《かわらもの》が行う仕事で卑賤視《ひせんし》されていた死者の遺体処理までも担当する時衆の「陣僧」の仕事は、他の宗派には見られない独自の行動であった。

だが、時衆では、「陣僧」という言葉は使われていない。「軍勢に相伴《あいともな》う時衆」と呼ばれており、「陣僧」という言葉は室町末期に宗外で用いられるようになった言葉である（初出は文亀《ぶんき》四年（一五〇四）で臨済宗建長寺派の寺の文書。陣僧は課役として徴集されていた。時衆ではこの語は用いられていない。歴史用語なのでそのまま使用されている。今井雅晴一九八五）。

「七条道場金光寺文書」に「遊行第十一代自空《じくう》上人書状」（応永六年（一三九九）十一月二十五日、『長楽寺蔵七条道場金光寺文書の研究』所収）があり、ここに「軍勢に相伴時衆の法様は、観応の此、遊行より所ゝへ被遣し書ありといへとも……」という記載がある。観応《かんおう》年間（一三五〇―五二）に第七代託阿《たくが》（一二八〇―一三五四）が出した書状の再確認の形式をとる自空（一三二九―一四一二）の書状は、従軍時衆への四つの戒めを説いている。

①時衆を軍勢に同行させるのは、十念を授けるためであって、時衆の僧が戦場で敵味方から自由往来を認められているからといって、書状を届けるなどの情報伝達行為をおこなってはいけない。子どもや女性を助けるための使いになるのなら問題はない。

②戦場で身の安全のために武具を身につけることもあろうが、敵を殺し傷つけることを目的に武器をもつことは絶対に許されない。

③従軍中であっても歳末別時念仏（十二月に行う念仏行事）は、定められたように行うこと。

④合戦が始まったら、自分の働くべきときと考え、仕えている武士の極楽往生や自分の往生が遂げられるように努力せよ。

この戒めを見ると、戦場を自由に往来できる権限をもつ時衆を、連絡係や情報役として利用した武将たちがいたらしいこともわかる。

さて、陣僧の心得を出した七代託阿は、それまで統一されていなかった時衆の教学を初めて体系的にまとめあげた学僧である。主著に『器朴論《きぼくろん》』がある。上総・矢野氏の出といい、臨済宗の名僧・夢窓疎石《むそうそせき》（一二七五―一三五一）の甥という説もある（菊地勇次郎二〇一四、祢宜田・高野一九八九）。建武《けんむ》五年（南朝暦では延元《えんげん》三年、一三三八）四月、一鎮から遊行を相続した（建武五年八月二十八日に暦応《りゃくおう》に改元）。

なお、この年四月に越前の長崎道場・往生院（現・福井県坂井市丸岡・称念寺）で賦算を行っている。そして七月に往生院では住職の薗阿《えんあ》白道と時衆たち八人が、戦死した新田義貞《にったよしさだ》（一三〇一―三八）の遺骸を輿《こし》に載せて往生院に運び、葬っている（「時衆八人に舁《か》かせて、葬礼追善供養のために、往生院に送らる」『太平記』）。このとき託阿は、すでに越前を離れていたと思われる。義貞は、『時衆過去帳』（大橋俊雄編著一九六四）の元徳三年（一三三一）の項に「七月二日　源光院殿正四位上行前左近衛中将新田太守義貞覚阿弥陀仏」と書かれてある（後筆であり、前に建武四丁丑歳とある。建武四年は一三三七年で、義貞戦死は翌年なので誤記か）。なお、託阿の遊行廻国は十七年に及び、京都の七条道場で入寂したため、藤沢道場での独住はない。

葬送

さて、おそらくこの陣僧の伝統もあったためだろうが、時衆は葬送業務に深く関わっていたようである。古代以来、一般民衆は、風葬《ふうそう》（地上に遺骸を置いてそのまま帰る）が普通で、平安末期でも変わらなかった（七歳以下の子どもは、天皇の子どもであっても風葬されるのが決まりだった）。天皇や貴族、高位の僧などは火葬されることが多かった（土葬もある）。そして十二世紀後半から十三世紀にかけて、各地で共同墓地が形成されはじめる。貴族層では、平安期には葬送の実務は身内で行うのが普通だったが、鎌倉時代に入ると、僧に一任されることが多くなった。僧が、貴族層の葬儀業務や火葬など（現代の葬祭業者の役割）を担当するようになるのである。

以前から葬送活動に従事していたのは、主として南都六宗のなかで奈良西大寺の叡尊《えいそん》（一二〇一―九〇）を中心とした律宗の僧侶集団である。叡尊集団は、旧仏教（南都六宗）側であったが、当時「癩者《らいじゃ》」と呼ばれたハンセン病患者の救済活動などで知られる（時衆もハンセン病患者救済活動を行っていた。金井清光二〇〇三）。

さて、葬送に関わる僧を「籠僧《こもりそう》」と呼ぶ。葬儀に関与しない僧のことを「清僧《せいそう》」と呼ぶのだが、これも物忌令《ものいみれい》、つまり延喜式《えんぎしき》（康保《こうほう》四年（九六七）施行の法典）の触穢忌避《しょくえ》（死や出産などケガレに触れれば特定の日数の間、人との接触を避けねばならない）から来ている。

死穢《しえ》を恐れる官僧と異なって死穢を乗り越える力をもつ、つまり日々の厳しい戒律を守っている律僧は「清浄の戒は汚染なし」なので死穢を乗り越えるとされた。律宗寺院のなかには火葬などを行う「斎戒衆《さいかいしゅう》」と呼ばれる下級僧侶がいた。遁世者集団である禅宗も葬儀に関与するようになっていたので、葬送業務は、禅律僧が行うものとされていた。

また法然以後の浄土門も「往生人《おうじょうにん》に穢《けが》れなし」の立場をとるので、葬送には関与していた。そのなかでも時衆の葬送活動については、近年になって論じられるようになり、さまざまな事実が判明するようになった。律宗が中世京都では貴族など上層の葬儀を担当していたのに対して、時衆は、火葬場を運営していたのである。

四条道場金蓮寺は、鳥辺野《とりべの》に鶴林《つるばやし》火葬場をもっていた。火葬を行う鳥辺野道場は、金蓮寺末寺の東山宝福寺の名をもっていた（近世には一時退転し、跡地に公儀によって無縁墓地が作られ、「南無地蔵《なむじぞう》」と呼ばれた）。市屋道場金光寺は、東寺の西にあった狐塚《きつねづか》を荼毘所《だびしょ》としていた。市屋道場は、おそらく応永三年（一三九六）以前に、狐塚の一角を火葬場にもらいたいと東寺に要望し、許可されている。

もう一つの金光寺（七条道場）も盛んに葬儀活動を行った。七条道場のほうの火葬場は、鳥辺野の赤築地《あかついじ》（赤辻）にあったが、近世初期に七条に移り、京都を代表する火葬場の一つとして知られる（勝田至二〇〇六、勝田至編二〇一二、松尾剛次二〇一〇b、井原今朝男二〇一三、高田陽介二〇〇七。なお葬送に関わる三昧聖《さんまいひじり》については、細川涼一編二〇〇一など参照）。

遊行上人尊観・徳阿弥と客僚・客寮

さて、以降の遊行上人のなかで、第十二代尊観《そんかん》（一三四九—一四〇〇）については、特に記しておかねばならない。なぜかと言えば、「藤沢山宇賀神《とうたくさんうがじん》縁起」などの資料では、徳川家の先祖「徳阿弥」が、尊観に救われたという伝承が作られているからである。すでに前著（桜井哲夫二〇一四）で説明したので、簡略に記したい。

世良田《せらだ》有親・親氏親子は、足利勢による新田一族の残党討伐に巻き込まれて逃亡し、応永二年（一三九五）、身を隠すために時衆の遊行十二代尊観の弟子となり、徳阿弥、長阿弥《ちょうあみ》と名乗る。親氏の子の泰親は、独阿弥《どくあみ》となる。徳阿弥（有親）は、遊行寺にとどまったが、長阿弥（親氏）と独阿弥（泰親）は、上人の遊行廻国に随行した。応永三年、三河での連歌の催しで、豪族の酒井雅楽助《うたのすけ》と松平太郎左衛門に連歌の才を認められた。酒井は、長阿弥（親氏）を還俗させて酒井家を継がせ、松平は独阿弥（泰親）を養子にした。

ところが、徳川家の記録の『三河記』『徳川記』、時宗・浅草日輪寺住職の「松平之家譜《かふ》之事」では異なる。永享《えいきょう》十一年（一四三九年）、「永享の乱」において足利義教が鎌倉公方の足利持氏《もちうじ》を追討した際、とばっちりで有親・親氏親子もねらわれ、遊行寺に入って出家した。有親は「長阿弥」、親氏は「徳阿弥」と号した。二人は遊行上人（当時は遊行十六代南要《なんよう》、一三八七—一四七〇）に救われたのであり、これが徳川家の先祖であるとされている。これでは応永七年（一四〇〇）に入寂している遊行十二代尊観とは関われない。

なぜ尊観に救われたという伝承になったのかと言えば、尊観が、亀山天皇第七子常盤井《ときわい》恒明《つねあきら》親王の皇子と伝えられて、尊観法親王と呼ばれた上人だったことが大きかったと推測できるだろう（なお、尊観については、不明なことが多く確定できる資料は少ない。一番有力なのが、常盤井恒明親王の皇子で、後醍醐《ごだいご》天皇と従兄弟になる深勝《しんしょう》親王だという説で、その兄弟だという説もある。今井雅晴一九八五）。

征夷大将軍になるために、新田義貞系の源氏の武家（世良田《せらだ》家）という系図を制作した徳川家にとって、南朝にゆかりの深い上人に救われたという伝承ならば箔がつくと思ったのだろう。この先祖が救われたという伝承のおかげで、江戸時代、宗派としての時宗は、徳川幕府の手厚い保護を受けた。慶長十八年（一六一三）三月十一日の遊行三十四代燈外《とうがい》（一五六一―一六四四）への付与以来、伝馬《てんま》朱印《しゅいん》（どこでも伝馬五十疋《ひき》（匹）、人足五十人を無償で徴発できる権利）が与えられた。江戸期には、遊行廻国は、何よりも将軍の朱印を受けた大事業で、大名といえども拒否できなかったのである。

さて、この遊行上人のもとに逃げ込むと救われるという時衆独自の慣習が「客僚《きゃくりょう》（及び客寮）」である。「客僚」とは、『真宗要法記《しんしゅうようほうき》』（遊行二十一代知蓮《ちれん》（一四五九―一五一三）作と伝えられる）に出てくる言葉である。合戦に負けたり、主君の命に背いて追われたなどで当座の責任や被害から免れるために、遊行上人・藤沢《とうたく》上人のもとにかくまわれ、白袈裟《けさ》を与えられてにわかに出家した者を言う。さらにこうした人たちをかくまう場所を「客寮」と呼んだのである（西欧で言うアジール〈避難所〉である）。

諸国に散っていた客僚は、「沙弥」とも呼ばれ、遊行上人の廻国の際にはかけつけて手助けをする役割をもっていた。また客僚のなかには、後に金融業で成功したり、さまざまな職業に従事する者もいた（桜井哲夫二〇一四）。

時衆と同朋衆・芸能者

さて、次に進もう。時衆が室町文化に大きな役割を果たしたという事実については、すでに広く認識されるようになった。能の「観阿弥」と「世阿弥」及び、歌舞伎の祖「出雲のお国」については、前著で述べたので、そちらを参照していただきたい。

室町幕府には和歌、連歌、立花《りっか》、茶の湯を担当した同朋衆《どうぼうしゅう》（将軍や大名に近侍して芸術面で活躍した阿弥号を名乗る芸能者）という芸能者がいた。むろん現在では、「同朋衆すなわち時衆」とみなすことができないことも明らかになっている。だが、室町期に、能阿弥《のうあみ》（一三九七―一四七一、足利義教・義政の同朋衆で香道・絵画に卓越）・芸阿弥《げいあみ》（一四三一―八五、能阿弥の息子で同朋衆）・相阿弥《そうあみ》（?―一五二五、芸阿弥の息子で同朋衆）という時衆同朋衆の「三阿弥」がいて、「阿弥派」と呼ばれた。阿弥派は、幕府所蔵の唐物《からもの》の管理、書画の鑑定、会所《かいしょ》における座敷飾《ざしきかざり》などを担当し、また連歌《れんが》（五・七・五の長句と七・七の短句を交互に連続して付けてゆく詩形式）にもすぐれていた。

連歌師と言えば、『一遍聖絵』のなかにも、「花のもとの教願」という連歌師が出てくる。「花のもと」は「花の下」と書き、桜など花が咲いた頃に寺社などで連歌の催し（あるいは「花しずめ」という行事）をすることから来ている。時衆では「善阿《ぜんな》」（「七条善阿」という記述があるので、七条道場の僧か）という正和《しょうわ》二年（一三一三）頃に八十余歳で没したとされる連歌の宗匠《そうしょう》（連歌の座の指導者）がいる。花の名所で有名だった鷲尾や嵐山の法輪寺で活動し、「救済・順覚・信照・良阿・十仏、上手は皆善阿が弟子也」（宗砌《そうぜい》『密伝抄』）と書かれた（綿抜豊昭二〇一四）。

囲碁には、天下第一の上手と言われた時衆の僧・重阿弥《ちょうあみ》がいる。『実隆公記』の長享《ちょうきょう》三年（一四八九）六月四日の条に時衆の「東馬道の重阿」とあり、ほかの史料に時衆の寺である福田寺の重阿という記述もある。また、甘露寺元長も、誓願寺に住む重阿弥という碁を打つ者は、天下第一の上手である、と記している（増川宏一一九八七）。

築庭では八代将軍足利義政《よしまさ》（一四三六―九〇）に近侍《きんじ》し、室町殿《むろまちどの》（花御所《はなのごしょ》、三代義満が建てたが荒廃。六代義教《よしのり》が再興）、興福寺大乗院・中院などの作庭を扱った善阿弥《ぜんあみ》がいる。立阿弥《りゅうあみ》は、足利将軍家に仕えた立花（生け花）作家の人々の称号だが、そのなかでは、義政に仕えた立阿弥が、立花成立期の名人として知られる。また『万葉集』研究で名高い由阿《ゆあ》（一二九一―?、二祖真教上人の弟子で遊行寺に住む）もいた。

以上のように、室町将軍家や貴族社会への急激な接近は、一切無差別平等の時衆の立脚点を次第に見失うことになる。さらに室町幕府の崩壊と、有力守護大名の没落によって保護勢力を失ってゆく。そして網野善彦が指摘するように、南北朝から戦国時代にかけて、「善―悪の明確な二元論」の立場に立つ浄土真宗勢力に競り負けることになる。

また決定的なダメージを与えたのは、遊行派の本山たる清浄光寺が、永正《えいしょう》十年（一五一三）、北条早雲《ほうじょうそううん》（一四三二―一五一九）によって襲われ全焼したことである。以後慶長十二年（一六〇七）に再建されるまで、時衆遊行派は、九十四年間藤沢の地に寺を失ったままだった。天正十八年（一五九〇）北条氏の小田原城が落城して、関東が徳川家康の手中に入り、翌年、藤沢の遊行寺に旧領地が安堵《あんど》された。この時の遊行上人は三十三代の満悟《まんご》（一五四三―一六一二）であり、慶長八年（一六〇三）四月二十八日に、三十二代普光《ふこう》とともに伏見城において徳川家康と会っている（『徳川実紀』）。普光が徳川家康の深い信任を得ていたことが、江戸期の時衆（時宗）復活のポイントであった。かくて慶長十二年に遊行寺が再建され、第三十二代遊行上人の普光が藤沢《とうたく》上人として移り住み、江戸期の時宗の歴史が始まることになる。

そして、前述した江戸幕府の「伝馬朱印」による遊行廻国への手厚い保護で、遊行寺を中心とした宗派として復活し、歴代遊行上人の廻国と賦算で知られるようになった。また、寛永四年（一六二七）三月十九日、幕府は、諸国の被慈利（ヒジリ、聖）を遊行の客僚と認め、支証（裏付けとなる証拠）を出すことになる（『時衆年表』一九七〇）。かくて、中世の「聖や沙弥」の系譜につながる被慈利の宗旨は、時宗となった。

第四章

『一遍上人語録』を読む

『一遍上人語録』文化版の表紙と冒頭の見開き

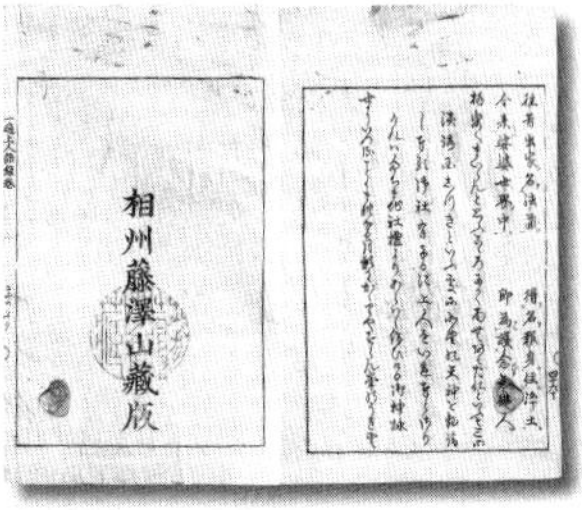

宝暦版

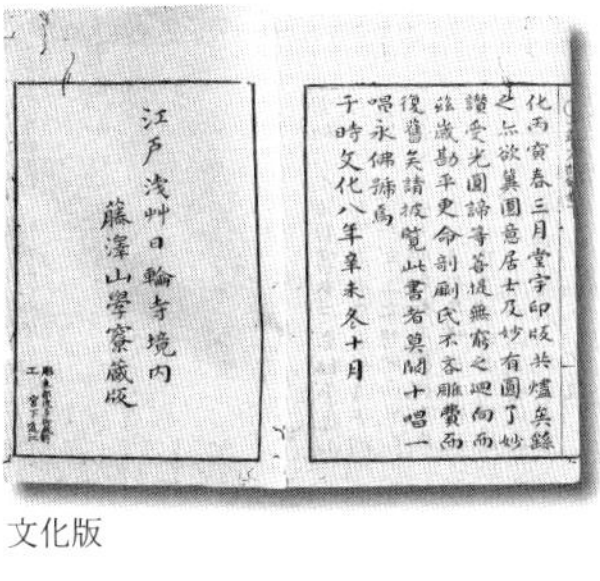

文化版

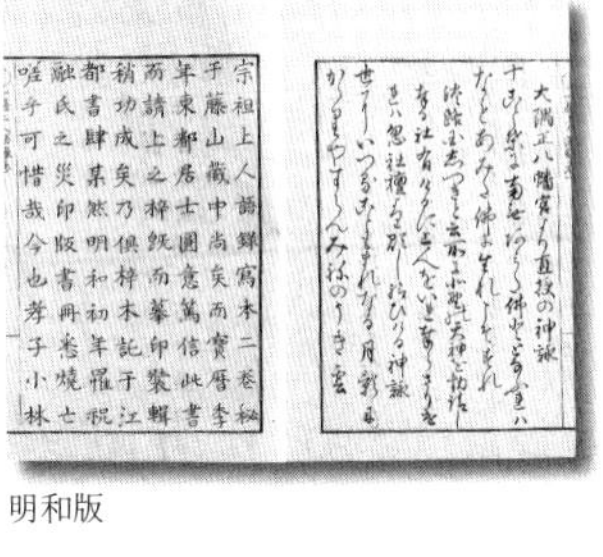

明和版

一　『一遍上人語録』の成立

一遍は、生涯を遊行《ゆぎょう》による布教にささげ、一切の著作を残さなかった。前述したように一遍は、入寂《にゅうじゃく》直前の正応《しょうおう》二年（一二八九）八月十日、所持していた書籍などを『阿弥陀経』を読経しながら焼いた。もともと以前から「我が化導《けどう》は一期《いちご》ばかりぞ（わたしが念仏してみなに布教するのは私が生きている間だけのことだ）」と述べていたので、所持していた書物も必要なくなるからという理由で焼いたのだろう。

けれどもその後、正安《しょうあん》元年（一二九九）に、異母弟の聖戒《しょうかい》による一遍の生涯をまとめた絵巻物『一遍聖絵《ひじりえ》』（聖戒＝詞、法眼円伊《ほうげんえんい》＝絵、国宝）が制作されている。さらに、後継者となった二祖真教の時代に、一遍と真教の事績をまとめた宗俊《そうしゅん》編『一遍上人絵詞伝《えしでん》』全十巻（嘉元《かげん》元年（一三〇三）―徳治《とくじ》二年（一三〇七）、「遊行上人縁起絵《えんぎえ》」とも呼ばれる）が制作されている。

これ以外に一遍のことばをまとめたものとして、最晩年の播磨国《はりまのくに》遊行のころのことばを集めた『播州法語集《ばんしゅうほうごしゅう》』（持阿《じあ》編）がある。ほかにも断片的なものはあったと思われるが、現存していない。『播州法語集』の最も古い写本は、鎌倉末か南北朝期頃（一三三〇年代〜四〇年代）の筆写本（神奈川県立金沢文庫蔵）とみなされている。この最古の写本は、巻首と巻尾を欠いたものだが、法語七十三条を収録している。編者の持阿については、同名異人が多く特定されていない。また、高野山金剛三昧院《こうやさんこんごうざんまいいん》蔵の『一遍念仏法語』一巻（寛正《かんしょう》六年（一四六五）六月と記載あり）があって、漢文体で百二条の法語が収められている。ほかに類似のものとして『一遍上人法門抜書《ほうもんぬきがき》』（明応《めいおう》八年（一四九九）頃までに成立。書写本が二冊現存。滋賀県長浜の浄信寺蔵本とその蔵本を書写した春渓寺蔵本）があるが、これらは伝写の間に生じた内容や配列の相違がみられる。

その後、江戸時代に入って、量光《りょうこう》と円明《えんみょう》によって貞享《じょうきょう》五年（一六八八）、『播州問答集』（漢文体、上下二巻）が刊行され、さらに安永五年（一七七六）に『播州法語集』が刊行された。そしてこれらの法語集、問答集などを整理し、一遍上人の法語集として編集されたのが『一遍上人語録』なのである。

『一遍上人語録』の草稿やその筆写本などは今日伝えられていないので、残っていないものと思われる。木版本は、三回刊行されており、初版は宝暦十三年（一七六三）、第二版は明和《めいわ》七年（一七七〇）、第三版は文化八年（一八一一）である。初版本は「宝暦版相州藤沢山蔵版本《そうしゅうとうたくさんぞうはんぽん》」として知られているが、翌明和元年（一七六四）に印版書冊がすべて火事で焼けてしまったため、幻の書物となった。現在宗門で所在が確認されているのは、総本山の宝物館蔵本（高野修による寄贈）と福井県坂井市の称念寺《しょうねんじ》蔵本のみである。

この初版本は、遊行五十二代一海《いっかい》（一六八六―一七六六）が、宝暦初めころに法語類などを集めて採録し、それを小林宗兵衛《そうべえ》（東都の円意居士《えんいこじ》）が開版したものである。一海は内容について満足できず、再検討していた。だが、出版を急いだ円意居士が開版してしまった。一海による再検討の草稿は残されていない。初版と第二版について、平田諦善《ていぜん》の「一遍上人語録の成立考」（一九七七）の記述に従って説明する。

俊鳳妙瑞《しゅんぽうみょうずい》（一七一四―八七、浄土宗西山派の学僧。京都西陣生まれ。浄土宗西山派系で修学し、密教を学ぶ。禅門でも学ぶが、その後円頓戒《えんどんかい》（円戒）の研究に従事。『一遍上人語録諺釈《げんしゃく》』全四巻）が、宝暦十二年（一七六二）、江戸で時宗の老僧・教岳《きょうがく》和尚（金台寺《こんだいじ》（現・長野県佐久市野沢）先代住職）や浅草日輪寺《にちりんじ》の恵秀《けいしゅう》和尚と知り合い、その縁もあって総本山清浄光寺《しょうじょうこうじ》（遊行寺）で「播州問答」の講釈を行うことになった。

俊鳳は、八月二十二日に藤沢の総本山に到着し、その講義は二十五日から始まり、九月七日まで行われた。この講義の費用は、講義中に本山に滞在していた小林宗兵衛（円意居士）の寄附（小林平兵衛とともに六両二分）によるものらしい。この時に小林が「一遍上人語録」の話を聞き、遊行を引退して藤沢上人となっていた一海に対して開版することを申し出たのだろう、と平田は推測している。

このとき、小林宗兵衛は、一海の作成した草稿を持ち帰り、翌年出版したのだろう。けれど、この時に一海は、自分の作成した草稿に不満があって、改訂すべく俊鳳に相談していたのではないか、と平田は推測する。

そして明和元年に印版書冊が皆焼けてしまったので、第二版は、小林宗兵衛の子息勘平《かんぺい》の資金援助によって開版された。この明和版は、『一遍上人語録諺釈』を著していた俊鳳によって校訂されて出版された。文化版（第三版。明和版の印版焼失により再度小林勘平によって開版）は、明和版と同じなので、テキストとしては初版と第二版の相違についてだけ解説しておきたい。

平田は、俊鳳は京都に在住していたので、京都六条道場・歓喜《かんぎ》光寺《こうじ》所蔵の「一遍聖絵（六條縁起《ろくじょうえんぎ》）」を知っていて、改訂にあたって参照したのだろうと推測する。宝暦版と明和版とのテキストの差異を、高野修（『原文対照 現代語訳 一遍上人語録』）の整理に従って記しておく。

①「別願和讃《べつがんわさん》」は、宝暦版では七十句だが、明和版では八十六句。

②「消息法語《しょうそくほうご》」の部分では、著しく語句が改訂され、文体も整えられている。

③和歌の配列では、宝暦版は『一遍上人絵詞伝』を基準にしているのに、明和版では『一遍聖絵』に従って配列や詞を訂正している。

④　下巻「門人伝説」の項では、宝暦版にある長い二段の法語をすべて削除して『一遍聖絵』から一文を加える、などの訂正がなされている。

⑤　附録では、明和版では宝暦版の石清水八幡の神詠《しんえい》（神のお告げの歌）が削除。

さて「別願和讃」は、『一遍聖絵』では宝暦版のように七十句だが、明和版に追加された十六句は、どの段階で追加されたものなのだろうか。

高野修（前掲書）は、遊行寺宝物館所蔵の南北朝期の和讃残本の「別願」の項に十六句が追加されており、また慶長四年（一五九九）遊行三十二代普光筆の和讃には、やはり十六句が追加されていると指摘する。十六句は、以下のようなものである。

即《すなわち》金蓮台《こんれんだい》にのり　仏の後にしたがひて
須臾《しゆゆ》の間を経《へ》る程に　安養浄土《あんにようじようど》に往生す
行者《ぎようじや》蓮台よりおりて　五体《ごたい》を地になげ頂礼《ちようらい》し
すなはち菩薩《ぼさつ》に従ひて　漸《ようや》く仏所《ぶつしよ》に至らしむ
大宝宮殿《たいほうぐうでん》に詣《もう》でゝは　仏の説法聴聞《せつぽうちようもん》し
玉樹楼《ぎよくじゆろう》にのぼりては　遥《はるか》に他方界《たほうかい》をみる
安養界《あんにようかい》に至りては　穢国《えこく》に還《かえり》て済度《さいど》せん

慈悲誓願《じひせいがん》かぎりなく　長時《ちょうじ》に慈恩《じおん》を報ずべし

多屋頼俊は、『和讃史概説』（初版一九三三、再版一九六八）のなかで、この十六句には不備があると指摘している。「遥かに他方界を見る」と言って、その次に「安養界に至りては」と続くのは、安養界（極楽）が、仏所のことではないかのように感じてしまう。また、最後の「慈悲誓願かぎりなく、長時に慈恩を報ずべし」という表現はどうだろうか。「慈悲誓願かぎりなし」と言い切るべきだろう。親鸞の高僧和讃中の「善導大師和讃」の末尾には「……浄土無為ヲ期スルコト、本師釈迦ノチカラナリ、長時ニ慈恩ヲ報ズベシ」とある。

また、「即金蓮台にのり」以下の四句は、源信の来迎和讃の句である。親鸞や源信の和讃に似ており、後世に混交してきたものではないかと指摘されている。「行者蓮台よりおりて」以下の八句は、源信の「極楽時讃」から著しく影響を受けている。

多屋は、時衆僧が別願和讃を称えているうちに、自然に来迎和讃や六時讃の文が混入してしまったのではないか、と推測している。

ともあれ、おそらく俊鳳のほうは、清浄光寺（遊行寺）の書庫で三十二代普光が写した新作和讃を見て、これを採択したのではないか、というのが平田及び高野の推測である。

俊鳳は入寂の前に、遺骨は海に流せと弟子たちに頼んだが、一部は祥光寺の塔に納められた。しかし現在は、俊鳳の位牌は、時宗の京都東山・霊山《りようぜん》（霊鷲山《りようじゆせん》）正法寺《しようぼうじ》（東山区清閑寺霊山町）にある。梅谷繁樹は、俊鳳が時宗国阿《こくあ》派《は》本山・雙林寺《そうりんじ》塔頭《たつちゆう》の蔡華庵《さいかあん》に在住して庵号を称していたこととつながりがあり、雙林寺が近代（一八七〇年）になって天台宗に戻った（現・京都東山区霊鷲山（または金玉山）雙林寺）際に、正法寺に移されたのではないか、と推測している（梅谷繁樹二〇〇八）。

明治以降では、『一遍上人語録』の主な校注本と解説本とは以下のように刊行された。

一九三四年　藤原正校注『一遍上人語録』（岩波文庫）

一九六一年　武田賢善『一遍上人語録』（永田文昌堂）

一九六四年　石田文昭『意訳一遍上人語録法語』（山喜房仏書林、『語録』巻下「門人伝説」のみの訳）

一九七一年　大橋俊雄編『法然　一遍』（「日本思想大系10」、岩波書店）

一九七九年　時宗開宗七百年記念宗典編集委員会編『定本 時宗宗典 上巻』（時宗宗務所、非売品）

一九八四年　金井清光・梅谷繁樹『一遍語録を読む』（法蔵館）

一九八五年　大橋俊雄校注『一遍上人語録』（岩波文庫）
二〇〇五年　梅谷繁樹『一遍の語録をよむ』（ＮＨＫライブラリー）
二〇〇九年　高野修『原文対照現代語訳 一遍上人語録』（岩田書院）
二〇一六年　高野修・大内惇編著『一遍の思想・信仰・その生涯――『一遍上人語録』巻上と『一遍聖絵』』『一遍の思想・信仰・その生涯――『一遍上人語録』巻下』（福壽山西光寺、私家版）

本書では、用いるテキストは、文化八年版を定本とした『定本 時宗宗典 上巻』収録の本文を基本としつつも、藤原正校注『一遍上人語録』（岩波文庫）及び高野修『原文対照現代語訳 一遍上人語録』も利用する。さらに読みやすいように、旧漢字を新漢字に変えるなど一部を改変した。また、以後、『一遍上人語録』は『語録』と略記する。『語録』テキストの出所については、『語録』の巻上については『語録上』、巻下については『語録下』と記して次に「法語」の番号を『語録下十五』というように記すことにする。

また、すべてを紹介することは、本書の構成上できないため、さらに前著で解説した部分もあるので、以下のように編集して紹介したい。

『語録上』

「別願和讃《べつがんわさん》」は、前著（桜井哲夫二〇一四）で紹介したので、二ヶ所に限定して解説。

「百利口語《ひやくりくご》」も一遍本人の作品ではなく、長いので基本部分だけを紹介しつつ、一遍思想の根幹を解説する。

「誓願偈文《せいがんげもん》」は、原文では漢語のみだが、書き下し文で紹介。

「時衆制誡《じしゆうせいかい》」は、一遍の作ではなく、一般読者向きではないので、本書では省略。

「道具秘釈《どうぐひしやく》」は、前著で解説したので省略。

「消息法語《しようそくほうご》」は、前著で解説した部分もあるので、根幹の部分を抜粋して紹介。

「偈頌和歌《げじゆわか》」は、『一遍聖絵』と重なる部分が多いため一ヶ所だけを除いて省略。

『語録下』（ここからは、一項目を短く解説する）

「門人伝説」は、百十一の法語から構成されているので、そこから言葉を選び出しつつ、短く解説を加える。

二　身を観ずれば水の泡——別願和讃

『語録上』の最初は、「別願和讃《べつがんわさん》」（明和、文化版は八十六行。ここは宝暦版の七十行を使用）となっている。弘安十年（一二八七）、松原八幡宮（現・兵庫県姫路市白浜町。石清水八幡宮の別宮）に詣でて、そこで一遍が、弟子や信者の人々に念仏の和讃を作って配ったのが「別願和讃」である。

和讃は、漢讃《かんさん》（漢語による讃歌）に対する言葉で、和語《やまとことば》による仏教を讃える歌（讃歌）という意味である。「別願」とは、特別な願いのことで、仏や菩薩がそれぞれ独自の立場から立てた誓願のことを言う。「四弘誓願《しぐせいがん》」を総願《そうがん》（すべての仏・菩薩に共通の願い）とするのに対する言葉である。浄土門（念仏門）では、阿弥陀仏の四十八願を本願とし、そのなかの第十八願（念仏往生）を別願とする。したがって「別願和讃」とは、念仏往生を願い、仏教を讃える歌ということになる。全文は前著に掲載しており、長いものなので、私が好きな二ヶ所の部分を抜き出して解説してみることにしたい。

身を観《かん》ずれば水の泡《あわ》　消《きえ》ぬるのちは人もなし
命をおもへ《え》ば月の影　出入息《いでいる》にぞとゞまらぬ

「ひとの身を考えると水の泡のようにあっという間に消えるものだ。泡が消え去るのと同様、ひとはいつかは死ぬ。ひとの命を思うと月の影のようにはかないものである。東に出て西に沈む月のごとく、ひとの命もいつまでもとどまることはない。ああ、まだ息をしているから大丈夫だと思っていたのに、人の命もあっけなく、あっという間に亡くなってしまうものなのだ」。

私も数えきれないほど称《とな》えている和讃の導入部分である。確かに梅谷繁樹（二〇〇五）の言うように、「行く河の流れは絶えずして、しかも、もとの水にあらず」（鴨長明《かものちょうめい》『方丈記』、一二一二年成立）のごとく、中世には一般的な無常観とみえるかもしれない。だが、よくよく口に出して読んでほしい。

「身」は、「人の体」から転じて「自分自身」のことを言う（「その男、みをえう《よう》なきものに思ひ《い》なして（自分自身を無用な存在だと思い込んで）」『伊勢物語』）。あるいは「身分、身の上」（「家のほど、みの程にあはせて侍《はべ》るなり（門の大きさは家の地位、身分にふさわしくしてあります）」『枕草子』）、さらに「命」（「残り少なしとみを思《おぼ》したる御心のうち」『源氏物語』「御法《みのり》」）をも意味する（『東書最新全訳古語辞典』）。「水の泡」の比喩は、俊鳳の『一遍上人語録諺釈』（以後、『諺釈』と略記。『定本 時宗宗典 上巻』収録）によれば、『維摩経』などにある。命を月の影に喩えるのは、水の泡との対比であり、龍樹の「水月電影露の如し」という語もある。「出入息」は、「出入息名二寿命一一息不レ還即名二命終一」（「止観七之二」）とある。漢訳仏典では、入息とは、赤ん坊が生まれて初めてする息のことで、出息とは、最後に亡くなるときの息を意味している。出入息とは、「生まれてから死ぬまでのこと＝寿命」の意味をかけつつ用いたのだろう。

　したがって、自分自身のこと、これまでの自分の人生のこと、自分の命そのもののことを考えてみると、水の泡のごとく流されてきたことをつくづくと感じてしまった経験はないのだろうか、という問いかけである。

　水の泡が消え去ってしまうごとく、死ねば自分の身体もあっけなく消えてしまう。阪神淡路大震災や東日本大震災を経験してきた私たちも、どうしようもなく理不尽な命の消え方を経験している。その事実を事実として受けとめねばならない、と問いかけている言葉である。

　次のことばを声に出して読んでみていただきたい。

始《はじめ》の一念よりほかに　最後の十念なけれども
念をかさねて始めとし　念のつくるを終《おわり》とす
おもひ尽《いつき》なん其後《そののち》に　はじめをはり《おわ》はなけれども
仏も衆生《しゆじよう》もひとつにて　南無阿弥陀仏とぞ申《もうす》べき

「念仏往生するためには、たった今現在の「なむあみだぶつ」というひとつの念仏があればよいので、ひとつとか十回とか数の問題ではなく、これ一回という想いをこめて念仏を称えなさい。想いがなくなればおわりになるのだから、「なむあみだぶつ」と念仏を称えつくして、想いもつきたときに仏も自分も区別がなくなってひとつになり、「なむあみだぶつ」という念仏だけがのこるだろう」。

さて、一念とは何だろうか。善導の「念称是一《ねんしようぜいち》」については触れたが、これによって、『無量寿経』の「一念」「十念」がそれぞれ「一回の称名」「十回の称名」を意味するようになった。ここから法然門下では、一回の称名で往生できる（一念往生）とする「一念義」の思想が生まれ、門下のなかで「一念義」と「多念義」との分裂を生んだことはすでに述べた。

一遍においては、「当体《とうたい》の一念」を重視する。ただ今現在称えている念仏のことである。

『語録下五十一』には、

又云《のたまわく》、「一念も十念も本願にあらず。善導の釈ばかりにては猶意得《なおこころえ》られず。（中略）名号の所には一念十念といふ《う》数はなきなり」。

とある。善導の教えをあれこれ解釈していても無駄なことだ。一念と十念などという争いは無益で、そんな区別など何の意味もない。ただ今ここで称える念仏（当体の一念）こそが大事なのだ。

さらに『語録下五十二』をみてみよう。

南無阿弥陀仏には、臨終《りんじゅう》もなく、平生《へいぜい》もなし。三世《さんぜ》常恒《じょうこう》の法なり。出《いづ》る息いる息（「出息入息《しゅつそくにっそく》」『播州法語集』）をまたざる故に、当体の一念を臨終とさだむるなり。しかれば念々臨終なり、念々往生なり。故に「回心念々生安楽《えしんねんねんしょうあんらく》（心を回《めぐ》らして念々に安楽に生ず）」と釈せり。おほ《お》よそ仏法は当体の一念の外《ほか》には談ぜざるなり。三世すなは《わ》ち一念なり。

一遍が学んだ浄土宗西山義では、臨終と平生（いつもの日常）の念仏の区別をするが、一遍はそれも否定する。南無阿弥陀仏は、過去・現在・未来の三世という時間の流れも断ち切って、始めも終わりもない。人はいつ亡くなるのか、誰にもわからないのだから、今称えているこの一念一念こそが臨終の念仏でもある。だから、善導も『般舟讃』のなかで「心を浄土に向けて一念ごとに安楽浄土に生まれる」と述べている。だからこそ「往生は初《はじめ》の一念なり」と言うのだ。

『語録下五十三』には、

「有後心《うごしん》・無後心《むごしん》といふ《う》ことあり。当体一念の外《ほか》に所期《しょご》なきを無後心といふ《う》」

とある。「所期」は、「しょご」と振り仮名をつけるのが慣例だが、白川静の『字通』では、「しょき」と振り仮名を振って、「期待する、実現したいと思う」と訳がついている。よけいな期待や願いを捨て去って、この一念以外は何も望まないことを雑念のない心（無後心）と言う、という意味である。有後心（雑念のある心）、無後心は、中国の曇鸞の『往生論註上』にある言葉である（「彼の造悪《ぞうあく》（悪事を行うこと）の人は有後心有間心に依止《えじ》（頼ること）して生ず。此の十念は無後心無間心に依止して生ず」。藤原正の校注）。

三　独むまれて独死す――百利口語

『語録上』で、次に出てくるのが「百利口語《ひやくりくご》」である。百は「多くの」を意味し、利口《りく》とは、『日本国語大辞典』（小学館）によれば、「りこう」と発音し、「利巧《りこう》」・「悧巧《りこう》」と同じで「弁舌が巧みなこと」「滑稽《こつけい》なこと、冗談」「気が利いて世智にたけていること」といった意味となる。白川静の『字通』では「利口＝口達者《くちだつしや》」と記されている。『諺釈』では、中国古典の用例をあげて、この表現は、謙遜し、みずから「滑稽もの」を記したとあざけっているものだとしている。多屋頼俊（一九三三）は、用いられている語句を検討していけば、一遍の作とは到底言えないと断ずる。

この和讃も、採録されたのは『語録』が最初なので、おそらく室町時代後期以降の成立で、時衆の僧などによる作品とされる。藤原正の校注本に「浄土真宗聖教目録の中に一遍上人利口一巻あり。今欠く。百利口語は恐らくこの書に出でしものならんか」とある。その後この点を追究した研究者もいないので、真偽のほどはわからない。

一遍本人の作ではないが、一遍の理念をまとめあげているという点で例をみない優れた和讃でもある。これも長い和讃なので、すべては解説しきれない。またいくつかを抜き出して解説してみることにしよう。まず、最初の言葉から。

六道輪回《ろくどうりんね》の間には　ともなふ《う》人もなかりけり
独《ひとり》む《生》まれて独《ひとり》死す　生死《しょうじ》の道こそかなしけれ

六道とは、「天上・人間・修羅《しゅら》・畜生《ちくしょう》・餓鬼《がき》・地獄」の六つの世界のことで、人がこの六つの世界を流転してめぐってゆくことを「輪回（廻）」と言う。

『一遍聖絵』のなかにある一遍の歌（『語録上』）に次のようなものがある。

を《お》のづ《ず》からあひ《い》あふ《う》ときもわかれても　ひとりはおなじひとりなりけり

（たまたま人と出会うようなことがある時も、あるいは人と別れている時も結局ひとはいつもひとりなのだ。ひとり生まれてひとり死ぬのがひとの定めなのである。）

『語録下六十八』には、次のような言葉がある。

又云《のたまわく》、「いきながら死して静《しずか》に来迎を待《まつ》べし」と云々《うんぬん》。万事にいろはず《わ》、一切を捨離《しやり》して、孤《こ》独独一《どくどくいつ》なるを、死するとはいふ《う》なり。生《しよう》ぜしもひとりなり、死するも独《ひとり》なり。されば、人と共に住《じゆう》するも独《ひとり》なり、そひ《い》はつべき人なき故《ゆえ》なり。

この言葉を考えるとき、すぐに想起するのは、

「人在世間愛欲之中　独生独死独去独来。当行至趣苦楽之地、身自当之、無有代者（人、世間の愛欲の中に在《あ》りて、独り生まれ、独り死し、独り去り、独り来る。まさに行きて苦楽の地に至《し》趣《しゆ》〈志向〉すべし、身自らこれを当《う》け、代わる者あることなし）」（『浄土三部経（上）』）という『無量寿経』にある言葉である。

人間は、社会の愛欲の渦に巻き込まれ、ひとりで生まれ、ひとりで死んでゆく。人は、社会のなかで自分の行うところに従って苦しんだり幸せだったりする。自分自身でその苦楽を引き受けるほかなく、誰も代わってはくれない。

この『無量寿経』の言葉を受けて、『語録下六十八』の言葉がある。

「生きていながらもまるで死んでいるかのように、静かに阿弥陀如来の来るのを待つべきだ。すべてを捨てきってひとりになることを死というのである。ひとりで生まれてきて、ひとりで死んでゆくのが人間という存在である。誰か一緒に暮らす者がいようとも、ひと

は本来的におのれひとりであって、最後まで共にできる（添い果つべき）者はいないことを思い知るべきである」。

さて次を引こう。

生老病死《しょうろうびょうし》のくるしみは　人をきらは《わ》ぬ事なれば
貴賤《きせん》高下《こうげ》の隔《へだて》なく　貧富《ひんぷ》共にのがれなし
露《つゆ》の命のあるほどぞ　瑶《たま》の台《うてな》もみがくべき
一度無常の風ふけば　花のすがたも散《ちり》はてぬ

「生老病死」は、仏教でいう「四苦《しく》」であり、生きる苦しみ、老いの苦しみ、病のくるしみ、死の苦しみのことを言う。この四苦は、金持ちだろうと貧乏人だろうと、身分の高い人間だろうと低い人間だろうと誰にでもやってくるものだ。露のようにはかない命の間に、美しい宝石（瑶）の台《うてな》（おそらくこれは極楽往生した者が座るという蓮《はす》の台（蓮台《れんだい》）との対比で、現世で裕福に暮らしていることの比喩）をせっせと磨いているほど贅沢《ぜいたく》をしていても、ひとたび無常の風が吹けば、花のごとき美しき姿も散ってしまう。

次を引こう。

畳一畳《たたみいちじょう》しきぬれば　狭《せばし》とおもふ《う》事もなし
念仏まふ《もう》す起《おき》ふしは　妄念おこらぬ住居《すまい》かな
道場すべて無用なり　行住坐臥《ぎょうじゅうざが》にたもちたる
南無阿弥陀仏の名号《みょうごう》は　過《すぎ》たる此身《このみ》の本尊《ほんぞん》なり

これは、よく引かれる有名な部分である。雨露をしのげる場所があれば、どこにでも寝ることはできるから、道場なども必要としない。修行の場はどこにでもある、我には南無阿弥陀仏という本尊があるではないか、という遊行聖の姿勢を語る一節である。

だが、梅谷繁樹（二〇〇五）も言うように、このころの寺院や家屋では、ほとんど板敷きだった。『聖絵』巻四を見ると、ちゃんとした寺などでは、因幡堂のように畳を敷いてくれたところもあったようだ。二祖真教以降作られた道場も、一遍の時代の踊り念仏の桟敷・屋台に板壁を張った程度のものだった（梅谷によれば、西郷寺（尾道市）や歓喜光寺（京都市）などに古い道場形式が残っている）。

「畳」を『日本国語大辞典』で調べると、「たたむ（畳）」という動詞の名詞化だったようで、「むしろ、ござ、こも、皮畳、絹畳などの敷物の総称、平安時代では、主としてうすべり（薄縁）の類をさした」として、『源氏物語』「空蟬《うつせみ》」の「風吹き通せとて、たたみひろげてふす」が引かれている。さらに「すわるための場所」の意味もあったとして、十二世紀後半の『聞書集《ききがきしゅう》』の使用例（「夏山の木かげだにこそすずしきをいはのたたみのさとりいかにぞ」）が引かれている。

平安時代では、畳はきわめて贅沢なもので一般庶民は使用を禁止されていた。また鎌倉時代までは敷き詰められておらず、必要なときだけ床の上に置いて敷く「置き畳」のスタイルだった。畳が敷き詰められるようになったのは、室町時代だとされ、畳が敷き詰められた場所を「座敷」と呼ぶようになる。

桃山時代（十六世紀後半）に至っても、庶民の家には畳はなく、土間と板間がほとんどだった。江戸時代に入っても、身分による畳の使用制限が行われていたので、裕福な商人などが畳を使用できるようになったのは、江戸中期以降からだった（丁宗鐵《ていむねてつ》二〇〇九）。したがって、「百利口語」が、一遍の時代に作られたということはありえないのである。室町時代後期以降だというのは、ここに出てくる喩えとしての「畳一畳」という言葉からも推測できる。

さて、次にここに出てくる「道場」というのは、もともとは釈迦が成道《じょうどう》した菩提樹《ぼだいじゅ》の下のこと（菩提道場）を指し、そこから仏道修行をする場所の意味に転じた。養老令《ようろうりょう》（七五七年）にある「僧尼令《そうにりよう》」では、寺院に所属せずに別に道場を立てて教えを説くことを禁じている（非寺院条）。その後、私宅を改めた学舎や僧侶が住む場所を道場と呼ぶようになった。さらに鎌倉時代になると、禅宗における雲水の修行の場、あるいは浄土真宗の門徒が集合して念仏を専修する場所を道場と呼んでいる。覚如の『改邪鈔』（一三三七）のなかに、「道場と名づけてこれをかまえ、本尊を安置し奉《たてまつ》るにてこそあれ、これは行者集会《しゅうえ》のためなり」とある（『縮刷版真宗聖典』）。

地名の後に道場を付けている場合は、ほぼ時衆の道場である（七条道場、四条道場など）。

法主軌則《ほっすきそく》をこのまねば　弟子の法師《ほうし》もほしからず
誰を檀那《だんな》と頼まねば　人にへつらふ《う》事もなし
暫《しばら》く此身《このみ》のある程ぞ　さすがに衣食《えじき》は離《はなれ》ねど
それも前世《ぜんせ》の果報《かほう》ぞと　いとなむ事も更《さら》になし
詞《ことば》をつくし乞《こい》あるき　へつらひ《い》もとめ願は《わ》ねど
僅《わずか》に命をつぐほどは　さすがに人こそ供養《くよう》すれ
それもあたらずなり果《はて》ば　餓死《うえじに》こそはせんずらめ
死して浄土に生《うま》れなば　殊勝《しゅしょう》の事こそ有《ある》べかれ

世間の出世《しゆつせ》もこのまねば　衣《ころも》も常に定めなし
人の著《き》するにまかせつゝ　わづ《ず》らひ《い》なきを本《もと》とする
小袖《こそで》　帷子《かたびら》　紙のきぬ　ふりたる筵蓑《むしろみの》のきれ
寒さふせがんためなれば　有《ある》に任《まかせ》て身にまとふ《う》

さて、法主《ほつす》というのは、時宗では遊行の法灯の相続者（遊行上人）のことを指している。真教以後、帰命戒《きみようかい》による集団統制が進み、一遍のころのゆるやかな集団ではなくなってくる。室町期後期に作られたこの法語は、現状への批判とかつての一遍の頃への憧れとがまじりあっている感じがする。一遍は、共に遊行した者を弟子とは呼ばなかったし、後援者を求めたりもしなかった。「暫く此身」以降を私訳する。

「この身が生きているうちは、衣食は必要だが、前世からのおめぐみと思い、むりにもとめることもなく、口先上手に物乞いをしないけれど、なんとか生きていられる程度には施しをもらえる。それもなくなったら飢え死にでもしようか。死んで浄土に生まれ変わったら格別なことではないか。立身出世など関係ないし、着る衣も定まったものなどなく、人からいただいて着せていただけるものを身にまとう。わずらわしいのはごめんだ。小袖に帷子、紙の衣、古いムシロにミノのきれ、寒さを防ぐためだから、あるものを身にまとえばいいのだ」。

一遍や時衆の着用した阿弥衣（あみぎぬ、あみごろも、あみえ）は、「あんぎん」という麻や藤蔓《ふじつる》の表皮などで編んだ目の粗い布で作る。阿弥は、阿弥陀仏の阿弥を「網」にかけて、魚貝をすくいとるごとく衆生を救う意味をあらわす。裳《も》（腰から下にまとう衣）のない裳無《もなし》衣《ごろも》が時衆の衣の特徴であった。他の教団からは法衣とみなされず、非難の対象となった（『時宗辞典』）。

なお、遁世者の黒衣《こくえ》について、林譲（一九九一）の指摘を簡単に記しておこう。

① 中世仏教社会にあっては、禅僧、律僧、念仏者らは広義の意味での遁世者で、黒衣を着する者であるとの否定的イメージをもって認識されていた。

② 一方黒衣の僧は、仏・菩薩の化身、ただならぬ存在とみられた。

③ 禅僧衣や念仏者の裳無衣を着用すると隠遁の身となって刑罰が許されるという慣行があった。裳無衣は、この場合、時衆の阿弥衣の下に着用していた黒衣を指していたものらしい。

④ 黒衣の僧は、秩序を無視して座に着くことができたが、乞食法師《こつじきほうし》とみなされ忌避される存在でもあった。この世にありながらこの世から離れた存在とみなされた。

ついでに記しておけば、一遍は黒衣で遊行したので、風雨にさらされ、黒衣は変色して薄墨色（鼠色）になった。この故事から、歴代の遊行上人は、薄墨色（鼠色）の衣をまとう習わしとなった。これを「遊行鼠《ゆぎようねずみ》」と呼ぶ。

さて、「百利口語」の最後の部分となる。

身の振舞《ふるまい》にいろは《わ》ねば　人目をかざる事もなし
心はからひ《い》たのまねば　さとるこゝろも絶果《たえはて》ぬ
諸仏の光明《こうみよう》およばざる　無量寿仏《むりようじゆぶつ》の名号は
迷悟《めいご》の法にあらざれば　難思《なんし》光仏《こうぶつ》とほめ給《たまう》ふ
此法信楽《このほうしんぎよう》する時に　仏も衆生も隔《へだて》なく
彼此《ひし》の三業捨離《さんごうしやり》せねば　無礙《むげ》光仏《こうぶつ》と申《もうす》なり
すべて思量《しりよう》をとゞめつゝ　仰《あおぎ》て仏に身をまかせ
出入息《いでいる》をかぎりにて　南無阿弥陀仏と申《もうす》べし

簡単にまとめてみよう。

「行動をあれこれ気にかけないし、人目をひくようなこともしない。そう思えば、世間を気にする思慮分別など必要もないから、悟ろうなどとも思わない。どの仏の光も及ばない無量寿仏（阿弥陀仏）の名号は、迷いと悟りを区別する教えなどではない。そんな教えなど意味のないほどの光明の仏である。この名号を信じて身をまかせれば、仏と衆生の区別もない。仏と衆生の三業（身・口・意）が一体となるから、いかなる妨げもない光の仏というのだ。あれこれと分別くさく考えることをやめなさい、空をみあげて仏に身をまかせなさい。出る息、入る息、一瞬一瞬の思いをこめて（出入息は、寿命（命）の意味でもあるから、すべての人生をかけるような思いで）南無阿弥陀仏と称えなさい」。

四　身命を惜しまず　本願に帰入し――誓願偈文

この偈文《げもん》は、一遍が、弘安九年（一二八六）、大和（奈良）の当麻寺《たいまでら》（高野山真言宗と浄土宗が並立する寺、寺務は両派が交替で担当）に参詣したときに書かれた誓いの文と言われる。当麻寺には、中将姫《ちゅうじょうひめ》伝説（阿弥陀仏と観音菩薩が、大臣の娘の願いを入れて尼と下女に化けて蓮《れん》糸《し》曼荼羅を織り上げ、娘は念仏を称えて極楽往生する）にまつわる「当麻曼荼羅《たいままんだら》（日本に流布した浄土三曼荼羅の一つで、中国唐時代の制作説が有力）」がある。治承《じしょう》四年（一一八〇）、平重衡《たいらのしげひら》の南都焼き討ちで曼荼羅堂・東西両塔を除く主要伽藍《がらん》を焼失している。一遍が訪れたときは、曼荼羅堂や金堂（一二六八年頃再建）はあっただろうが、それ以外はまだ復興していなかっただろう。

一遍は、この寺の僧から、寺の重宝である『称讃浄土仏摂受経《しょうさんじょうどぶつせつじゅきょう》』（略して『称讃浄土経』、玄奘訳、『阿弥陀経』の異訳）一巻を贈られている。中将姫が写経した一千巻のうちの一巻だといわれる。この経本は、一遍が臨終前に書写山円教寺の僧に与えた。しかし、江戸期に書写山円教寺から遊行上人に贈られ、現在は遊行寺宝物館に収蔵されている。

原文は、漢文だが、宗門でも「発願文《ほつがんもん》」として使われている書き下し文に直して紹介したい。

我弟子等《われでしとう》　願わくは今身《こんじん》より　未来際《みらいさい》を尽《つく》すまで
身命《しんみょう》を惜しまず　本願に帰入《きにゅう》し　畢命《ひつみょう》を期《ご》として
一向《いっこう》に称名し　善悪《ぜんなく》を説かず　善悪を行《ぎょう》せず
かくの如きの行人《ぎょうにん》は　本願によるが故《ゆえ》に　阿弥陀仏
観音勢至《かんのんせいし》　五五《ごご》の菩薩　無数《むしゅ》の聖衆《しょうじゅ》
六方恒沙《ろっぽうごうじゃ》　証誠諸仏《しょうじょうしょぶつ》　昼夜六時《ちゅうやろくじ》に相続《そうぞく》して　間《ひま》なく
影の形に　随《したが》ふが如《ごと》く　暫《しばらく》も離るゝ時なく
慈悲護念《じひごねん》したまへ《え》　心をして乱れざらしめ　横病《おうびょう》を受けず
横死《おうし》に遇《あ》は《わ》ず　身に苦痛なく　心錯乱《こころさくらん》せず
心身安楽《しんじんあんらく》にして　禅定《ぜんじょう》に入るが如く　命断須臾《みょうだんしゅゆ》に
聖衆来迎《しょうじゅらいこう》したまへ《え》　仏の願力《がんりき》[1]に乗《じょう》じて　極楽《ごくらく》[2]に往生せん

（傍線部1は、『一遍聖絵』では「本願」に、傍線部2は、『一遍上人絵詞伝（縁起絵）』発願文では「安楽《あんらく》」になっている。）

ざっと訳してみよう。

「われら仏の弟子は、この世から未来永遠にわたるまで我が身我が命を惜しまずに、弥陀の本願にすがることを願う。命ある限りひたすら念仏し、人の行いについて善だの悪だのといった事柄に関わらないし、問題にしない。

このような行者は、阿弥陀仏、観音菩薩、勢至菩薩、それに二十五菩薩衆（五五の菩薩）、数え切れない多数の聖者、さらに東西南北上下の六つの方角にあるガンジス河（恒河《ごうが》）の砂粒ほど多数の証誠（真実を証明する）の諸仏たちが昼夜六時（昼三時＝晨朝《じんちょう》・日中《にっちゅう》・日没《にちもつ》の三回、夜三時＝初夜《しょや》・中夜《ちゅうや》・後夜《ごや》の三回）にわたって離れることなく守ってくださることを祈る。

心が平静で乱れることなく、思いがけない病気にあわず、不慮の死にあうこともなく、身に苦痛なく、心みだれることなく、身も心も安楽で、禅定（無念無想）に入れるように、命終わればただちに（須臾《しゅゆ》）聖衆がお迎えにこられるように祈る。こうして、弥陀の本願の力によって極楽の世界に往生するだろう」。

この誓願文が、基本的には、善導の発願文（『往生礼讃（日没礼讃偈）』）にならって作られたものであることは、従来から指摘されている。

また、梅谷繁樹（二〇〇五）は、善導の発願文と異なって、往生のあと、再びこの世に戻って苦しむ衆生を救うという、いわゆる「還相廻向《げんそうえこう》」がみられないことを指摘している。しかし、「還相廻向」への語りがないのは、竹村牧男の指摘を借りて言えば、生涯の遊行を通して「一遍は身をもって還相を生き抜いた」（一九九九）とみるべきなのだろう。

また「我弟子等」の読み方について、高野修も梅谷繁樹も、いつしか宗門内で「わが弟子等」と読む習慣がついたことを批判している。一遍は弟子をとらないのだから、「わが弟子」などとは言わない。また仏への誓願なのだから、そのような言い方はありえないのである。

五　一切の事を捨てゝ申念仏こそ——消息法語

さて、『語録上』の「消息法語《しょうそくほうご》」のなかに「興願僧都《こうがんそうず》、念仏の安心《あんじん》を尋申《たずねもう》されけるに書《かき》てしめしたまふ《う》御返事」という部分がある。興願なる人物が何者であるのかはわかっていない。僧都という位階をもつので、旧仏教側の僧だろう。

「捨ててこそ」

> 夫《それ》、念仏の行者用心《ぎょうじゃようじん》のこと、しめすべきよし承《うけたまわり》候《そうろう》。南無阿弥陀仏とま《も》うす外《ほか》、さらに用心もなく、此外《このほか》に又示《しめす》べき安心《あんじん》もなし。諸《もろもろ》の智《ち》者達《しゃたち》の様々に立《たてお》をかるゝ法要どもの侍《はべ》るも、皆諸惑《しょわく》に対したる仮初《かりそめ》の要文《ようもん》なり。されば念仏の行者は、かようの事をも打捨《うちすて》て、念仏すべし。
> むかし、空也上人へ、ある人、念仏はいかゞ申《もうす》べきやと問《とい》ければ、「捨てゝこそ」とばかりにて、なにとも仰《おおせ》られずと、西行法師の選集抄《せんじゅうしょう》に載《のせ》られたり。是誠《これまこと》に金言《きんげん》な

り。念仏の行者《ぎやうじや》は智恵をも愚痴《ぐち》をも捨《すて》、善悪《ぜんなく》の境界《きやうがい》もすて、貴賤高下《きせんこうげ》の道理もすて、地獄をおそるゝ心もすて、極楽を願ふ《う》心もすて、又諸宗《しよしゅう》の悟《さとり》をもすて、一切の事をすてゝ申《もうす》念仏こそ、弥陀超世《みだちょうせ》の本願には(尤)かなひ《い》候へ《え》。[1] かやう《よ》に打《うち》あげ打あげとなふれ《う》ば、仏もなく我もなく、まして此内《このうち》に兎角《とかく》の道理もなし。善悪の境界皆浄土なり。外に求《もとむ》べからず。厭《いとう》べからず。よろづ《ず》生《いき》としいけるもの、山河草木《さんかそうもく》、ふく風たつ浪の音までも、念仏ならずということなし。人ばかり超世《ちょうせ》の願に預《あずかる》にあらず。

またかくのごとく愚老《ぐろう》の申事《もうすこと》も意得《こころえ》にくゝ候はゞ《わば》、意得にくきにまかせて愚老が申事をも打捨《うちすて》、何ともかくともあてがひ《い》はからずして、本願に任《まかせ》て念仏したまふ《う》べし。念仏は安心《あんじん》して申《もうす》も、安心せずして申も、他力超世の本願にたがふ《う》事なし。弥陀の本願に(は)[2] 欠《かけ》たる事もなく、あまれることもなし。此外《このほか》にさのみ何事をか用心して申《もうす》べき。[3] ただ愚《おろか》なる者の心に立《たち》かへ《え》りて念仏したまふ《う》べし。

南無阿弥陀仏　　一遍。

（読みやすくするため改行した。傍線部1の「本願にはかなひ候へ」は、本書では、典拠とする『定本　時宗宗典　上』、及び藤原正校注の岩波文庫版によるが、大橋俊雄校注の岩波文庫版、高野修編著版では、「本願に尤《もっとも》かなひ候へ」。「は」が「尤」に変わっている。金井清光（一九八七）

は、「者」の草書体とみて「は」と読んでもよいが、文化八年版本は「尤」（まことに、ほんとうに）と読むほうがよい、とする。高野修の私信によれば、高野も強調すべきところだから、「尤」と読むほうがいい、とする。『時宗宗典』の浅山圓祥・石岡信一校注によれば、最初の宝暦版では「「は」無し」、とあるから「本願にかなひ候へ」となる。高野修の配慮で宝暦版を確認させていただいた。傍線部2は、会津長光寺の異本では、ここに「は」が入る。傍線部3は、宝暦版では、「この外何事をか用心とてしめし申べき」）。

さて、「捨ててこそ」は、今では、一遍の宗教思想を表現する有名な言葉となっている。空也上人の「捨ててこそ」は、西行《さいぎょう》（一一一八—九〇）の『選集抄』に掲載されていると記されている。『諺釈』によれば、この話は、蓮胤《れんいん》（鴨長明《かものちょうめい》（一一五五？—一二一六）の出家名）の『発心集《ほっしんしゅう》』（一二一六年以前成立）が出典なのだが、肝心要の現存の『選集抄』のなかには空也上人について触れているところはあっても、「捨ててこそ」という言葉を語っているところはない。では、『発心集』巻一・四「千観内供遁世事《せんかんないくとんせいのこと》」を見よう。「どうすれば後生には助かるのか」という千観の問いかけに、空也が「如何《いか》ニモ身ヲ捨《すて》テコソ」と答える。「身を捨てなさい」との答えに、千観は箕面《みのお》に籠居《ろうきょ》する。ここでは「捨ててこそ」は、俗世間を捨てて遁世籠居することで、一遍の説く心構えとは異なる（金井清光一九八七）。箇単に最初のところを要約しよう。

「念仏者の心づかいについて教えてほしいとのことだが、南無阿弥陀仏と口で称える以外に何も心づかいをする必要はないし、示すべき信仰の教えもない。賢者があれこれと書き記した教理書もあるだろうが、みなその時々の疑問へのその場限りの応答にすぎない。だからそのようなものは打ち捨てて念仏しなさい。

むかし、「念仏はどう称えるのか」という問いに空也上人が述べた「捨ててこそ（すべてを捨てて念仏する）」という言葉が西行法師の『選集抄』に載せられているが、これこそ金言である。念仏者には、智恵も愚痴も、善も悪も身分の上下も何の関係もない。地獄を恐れたり、極楽を願ったりする気持ちも捨て、すぐれた諸宗派の智者の教えも捨て、一切を捨てて称える念仏こそ阿弥陀如来の本願にかなっているのだ」。

この後に、「打《うち》あげ打あげとなふれば」という言葉が出てくる。声を高くはりあげて念仏を称えるという意味だが、このように高い声を出して称える念仏を「高声念仏《こうしょうねんぶつ》」という。たとえば、真言宗の伝法灌頂《でんぼうかんじょう》という儀式では、作法としては「微音《びおん》」（小声）で行い、仏に対して何事かを表白《ひょうびゃく》するときのみ「高声」で行うと決められていた。

朝廷の儀式でも主宰者が役目をする者を呼ぶときは、微音で呼び、少納言なら微音で「オー」と答え、六位の外記《げき》などは高声で「オー」と答えることになっていた。中世社会では、日常では大声を出すことは避けるべきこととされ、大声を出す男は、不作法で失礼な存在だとされた（高声狼藉《こうしょうろうぜき》）。

なぜ、高声が忌避されていたのだろうか。網野善彦（一九九七）は、高声は、この世と仏の世とをつなぐ架け橋（神仏の世界への俗界からの呼びかけ）としてとらえられていたのだ、と論じている。高声を出してよいところは、聖と俗との境界である門前や市庭《いちば》、祭りの場、戦場という境界性のある場所であった。したがって、浄土真宗の門徒や時衆が、日常のなかで高声で称える念仏（高声念仏）や和讃は、鎌倉幕府側からの攻撃、弾圧の理由ともなりえたのである。網野は、浄土系の和讃や高声念仏が自由に発展していたら、西欧のキリスト教音楽のような独特の歌謡が発展したのではないか、と述べている。

続きを簡単にまとめてみたい。

「称えているうちに、仏と私の区別もなくなるし、そこに何の理屈もあるわけでもない。世俗（善悪の世）もそのまま浄土の世界に含みこまれているのだから、無理に十万億土の彼方にあるという外の世界（極楽浄土）を求める必要もないし、この世を毛嫌いする必要もない。

すべての生きとし生けるもの、山や河、草木、吹いている風、浪の音までも念仏の声につつまれて、念仏を称えているかのように思えてくる。人間ばかりが、超世の願いを受け入れてもらえるのではない。私の言うことが理解しにくいのなら、理解しないままでもよいし、私の言うことなど聞かずに、余計なことを考えずに念仏しなさい。正しい信仰があろうがなかろうが、他力の本願に違《たが》うことなどないのだ。このほか何を気配りしろというのか。ひたすらに愚か者の心に立ち戻って念仏しなさい」。

この部分は、読み方によっては誤解されるおそれがある。「山川草木悉皆成仏《さんせんそうもくしつかいじょうぶつ》（山も川も草木もみなことごとく仏になれる）」という言葉が、三十年ほど前に中曽根首相の施政方針演説（一九八六年一月）で用いられたことがある。末木文美士（二〇一五）は、もともと仏典にはない言葉が、そのまま人間と自然との調和を訴える演説に用いられたことに危惧をおぼえた。そしてその言葉のルーツにあたると思われる、天台宗の安然《あんねん》（八四一―九〇二）の「草木成仏論」について詳述している。

安然は、天台密教（台密）の体系の完成者の一人と言われる学僧である。最初に「一切《いっさい》衆生悉有仏性《しゅじょうしつゆうぶっしょう》」という『涅槃経《ねはんぎょう》』にある言葉から説明しなければならない。すべての生きとし生けるもの（一切衆生）はことごとく仏になれる可能性（仏性）がある、という意味である。「衆生」は「さまざまな生のあるもの」という意味の梵語《ぼんご》（サットヴァ）の漢訳だが、玄奘《げんじょう》は「有情《うじょう》（心のはたらきのあるもの）」と翻訳した。つまり、心のはたらきのあるものが「衆生」だから、「無情《むじょう》（非情《ひじょう》。心のはたらきのないもの）」、つまり草や木、石、金属などの鉱物は仏性をもたないことになるわけである。

そこで、最初は中国で「非情成仏」が議論され、日本でも議論が起こるようになった。安然の『斟定草木成仏私記《しんじょうそうもくじょうぶつしき》』によれば、当時の天台、真言、華厳の各宗派は、草木成仏を認めていたが、それは「有情」の成仏が中心となって「無情」も成仏の恩恵にあずかるという論理であった。安然は、「心の全体がそのまま物質の全体である」という唯心論に立脚して、「一切の世間の有情も仏も木石もただ一心である」とする。さらに、後期になると、世界中のあらゆるものがすべて「真如《しんにょ》（あるがままの原理）」に由来し、変動体だと言いだす。世界のあり方がそのまま真如なら、否定すべきものもなくなり、すべて現実を認めればいいことになる。人間も草木もガレキもすべて同等だということになる。

真如という実体があり、そこから世界が展開するという論理は、本来の仏教思想ではない。世界はプラクリティ（原質）により順次展開すると説くインドのサーンキャ派（バラモン教の一派）哲学に近似している。日本ではひたすらに現実肯定を標榜《ひょうぼう》する教理として本覚《ほんがく》思想（迷いがそのまま悟りである。煩悩即菩提《ぼんのうそくぼだい》）と呼ばれた。そして、一遍の思想を天台本覚思想にひきつけようとする議論がないわけではない。

梅谷繁樹（一九九五）は、法語（たとえば『語録下十』）のなかにある「南無阿弥陀仏の機法一体」とか「機法不二の名号」（衆生（機）と仏の真理（法）とは名号において一体（不二）

である）という言葉は、本覚論的な表現である、と指摘した。一方、一遍は、聖道・浄土の二門をきちんと区別すべきで、「聖道門（ここでは天台宗）」は「煩悩即菩提、生死即涅《しょうじそくね》槃《はん》」と述べているが、これでは煩悩の執着になってしまい、かえって人を害するものだと批判している（『語録下一』）。梅谷は、法語集が、後世にまとめられたものであるために、本覚論的な表現が入り混じったか、あるいは七代託阿《たくが》の時期に一遍法語のなかに本覚思想が入り込んだためだろう、と論じている。

というところで、また法語に戻って、「山河草木、ふく風たつ浪の音までも、念仏ならずということなし。人ばかり超世の願に預《あずかる》にあらず」という言葉を、よくよく読んでみてほしい（なお、「山河」は、サンカないしセンガと読む。金井清光一九八七）。ここでは、自分のとなえる念仏の音がまわりの環境世界にひろがり、反響し、世界を覆ってゆくことで、おのれもまわりの自然も救われる、という祈りを語っているのである。

人が救われて（悟って）から自然が救われるわけではない。あるがままで救われると言っているわけでもない。大きな声を出して人々に、自然に、呼びかけて祈り、その祈り（念仏）が世界を覆うことを祈るのである。

『諺釈』では、『続古今和歌集《しょくこきんわかしゅう》』（一二六五年完成）にある権大納言教家卿の歌を引いて、この歌とつながっているとする。

心なき　四方《よも》の野山《のやま》の草木まで　我を捨《すつ》れば　我身《わがみ》なりけり

梅谷繁樹は、その悟りが宇宙の森羅万象にまで行き渡るという大乗仏教の華厳《けごん》の「盧舎《るしゃ》那仏《なぶつ》」（奈良の大仏が盧舎那仏）の世界に重なると指摘する。

そして、この法語に関わる和歌法語（『一遍聖絵』第六ではある人への返歌とされる）が、語録の和歌のなかに入っている（「興願僧都に示し給ふ御返事のおくに」）。

須弥《しゅみ》の峰たかしひきしの雲きえて月のひかりや空のつちくれ

須弥とは、インドの須弥山《しゅみせん》（仏教の宇宙観では世界の中心をなす想像上の山で、高さは五十六万キロメートル。定方晟《さだかたあきら》一九七三）のことである。この山をめぐる高い雲低い雲（人の妄念）が消えてしまえば、月の光（悟り）が見えるはずだが、よくよく考えてみれば、その月も雲も空にうかぶ「土くれ（土のかたまり）」にすぎないではないか、と読むべきか、それとも、悟れば雲（妄念）など「土くれ」にしか見えない、と読むべきか。判断に苦しむ歌であるが、悟りが見えたからといって、格別のことがあるわけでもない、という前者の突き放した意味のほうが一遍らしくておもしろい。

柳宗悦《やなぎむねよし》（一九八六）は言う。

「私だったらこの一文を、時宗第一の法語と仰ぎたい。誠に念仏の要旨をこれ以上に言い尽くすことは出来ぬ。浄土の法門を想《おも》う毎《ごと》に、この消息を口ずさまぬわけにはゆかぬ、金玉《きんぎょく》の文字と讃《たた》えたい」。

私が個人的に好きなのは、最後の一文である。

「ただ愚《おろか》なる者の心に立《たち》かへ《え》りて念仏したまふ《う》べし」。

一遍らしい言い切り方をしているのだが、私がこの文から思いだすのは、今は亡きスティーヴ・ジョブズ（一九五五—二〇一一、アップル創業者の一人）が、二〇〇五年六月十二日、スタンフォード大学卒業式で、講演の最後に語った言葉である。

Stay Hungry. Stay Foolish.

この部分は、「ハングリーであれ、愚かなまま（愚か者）であれ」と訳されてきた。もともと、スチュワート・ブランドらの『全地球カタログ（*The Whole Earth Catalog*）』の最終版の背表紙に載っていた言葉である。若きジョブズは、この言葉に強烈なインパクトを受けた。ジョブズ自身は、青年期以降、仏教にかなり影響を受けていて、ブランドらの言葉を借りながら、そこからもっと先へと進んだ言葉に直している。フーリッシュであれ、という言葉は、やたらに賢く立ち回り、自分の利益ばかりを優先して物事の本質に向き合わず逃げてばかりいる人々への風刺である。

割にあわなくとも、愚かそうにみえようとも、自分の信念に従って自分が正しいと思うことをしつづけることは、世間的にみれば「フーリッシュ」なのだ。この言葉は、そのまま一遍の「ただ愚なる者の心に立かへりて念仏したまふべし」につながってくるように思う。

「出離の要道」

以下の「消息法語」中の文は、中世仏教文学中の異彩を放つものとして知られている。世阿弥《ぜあみ》作ではないかとも言われるが、作者不明の謡曲「東岸居士《とうがんこじ》」にそのまま引用されていることで知られている。能の「東岸居士」の内容は、以下のようなものである。

遠国《おんごく》の東の者（ワキ）が京都にのぼり、あちこち見物して清水寺にお参りすると、そこで自然居士《じねんこじ》の弟子という禅僧の東岸居士（シテ）に出会う。居士は、三条白川の橋の建《こん》立《りゅう》の勧進《かんじん》（寄付金集め）に心を尽くしていると言う。居士は、舞いは仏法への帰依の手段になるからといって、舞いを踊る。劇的な筋書きがあるわけではなく、一遍の法語を語ることと舞いとに重点が置かれている。

金井清光（一九八七）は、東岸居士が禅僧であることに着目した。おそらく実際に、当時の禅僧が説教で一遍のこの法語を用いていて一般に知られていたからこそ、能の舞台で引用されたのではないか、と論じている。なお自然居士は、実在の禅系の勧進聖《かんじんひじり》。踊る説教師として知られ、能の「自然居士」がある（松岡心平二〇一五）。

春すぎ秋来《きた》れども、すゝみ難《がた》きは出離の要道。* 花を《お》しみ月をながめても、を《お》こりやすきは輪廻《りんね》の妄念《もうねん》*なり。罪障《ざいしょう》の山*にはいつとなく煩悩《ぼんのう》の雲あつくして、仏日《ぶつにち》*のひかり眼《まなこ》にさへ《え》ぎらず。生死《しょうじ》の海*には、常時《じょうじ》に無常の風烈《はげ》しくして、真如《しんにょ》の月やどる事なし。* 生《しょう》を受《うく》るにしたがひ《い》て、苦しみに苦しみをかさね、死に帰するにしたがひ《い》て、闇《くら》きよりくらき道におもむく。

六道《ろくどう》の街《ちまた》*には、まよは《わ》ぬ処《ところ》もなく、四生《ししょう》の扉《とびら》*には、やどらぬ栖《すみか》もなし。生死転変《しょうじてんぺん》をば、夢とやいは《わ》ん、現《うつつ》とやいは《わ》ん。これを有《う》といは《わ》んとすれば、雲とのぼり烟《けむり》と消えて、むなしき空に影をとゞむる人もなし。無といは《わ》んとすれば、又恩愛別離《おんないべつり》のなげき心の内にとゞまりて、腸《はらわた》をたち魂《たましい》をまどは《わ》さずといふことなし。

彼芝蘭《かのしらん》の契《ちぎり》の袂《たもと》*に、屍《かばね》をば愁歎《しゅうたん》の炎にこがせども、紅蓮《ぐれん》、大紅蓮の氷は解《とく》ること有るべからず。鴛鴦《えんおう》の衾《ふすま》*の下に、眼《まなこ》をば慈悲の涙にうるほ《お》せども、焦熱《しょうねつ》・大焦熱の炎*はしめることなかるべし。徒《いたずら》に歎《なげ》き徒にかなしみて、人も迷ひ我もまよは《わ》んよりは、はやく三界苦輪《さんがいくりん》の里*を出《いで》、程《ほど》なく九品蓮台《くぼんれんだい》の都*にまふづ《もうず》べし。

爰《ここ》に苦悩の娑婆《しゃば》*はたやすくはなれがたく、無為《むい》の境界《きょうがい》*は等閑《とうかん》*にしていたることを得ず。適《たまたま》本願の強縁《ごうえん》*にあへ《え》る時、いそぎはげまずしては、*いずれの生《しょう》をか期《ご》すべき。他力《たりき》の称名は不可思議の一行《いちぎょう》なり。超世《ちょうせ》の本願は凡夫《ぼんぶ》出離《しゅつり》の要道なり。身をわすれて信楽《しんぎょう》し、*声にまかせて唱念《しょうねん》すべし。南無阿弥陀仏。

(『一遍上人絵詞伝』(以下、『縁起絵』と略記)にも記述されている法語だが、『語録』と『縁起絵』とでは、浅山圓祥・石岡信一校注によれば四十二ヶ所の違いがある。だが、ほぼ漢字と「かな」の表記の違いなので、特に問題はない。読みやすくするため改行してある。)

私の寺では、この法語を葬儀の時の「引導文《いんどう》」として用いているので、何百回読み上げたかわからないほどのなじみの法語である。中世の美文調の法語なので、難しい用語がいくつも出てくる。*を付した用語の解説から始めてみよう(金井清光一九八七の解説に多くを負っている)。

「出離の要道」とは、生死を繰り返すこの迷いの世界から離れ出るための大切な教え（方法）という意味である。「輪廻の妄念」は、衆生が三界六道《さんがいろくどう》（欲界《よくかい》・色界《しきかい》・無《む》色界《しきかい》の三界と地獄・餓鬼・畜生・修羅・人間・天上の六道）を生まれ変わりつづけて終わらない迷いの心のことを言う。「罪障の山」は、往生の妨げになる多くの罪が積もっていることを山にたとえたものである。

「仏日」は、仏が人々の無知の闇を照らし破ることを太陽の光にたとえたもので、『観無量寿経』にある「唯願仏日、教我観於清浄業処（ただ願わくは仏日《ぶつにち》よ、われをして清浄業処《しょうじょうごっしょ》を観ぜしめたまえ）」から来ている。業処とは、心を統一するための瞑想（観想）の対象を言う。善導は、極楽浄土往生のための清浄なる処《ところ》（対象）と位置づけた。

「生死の海」は、生死を繰り返す迷いの世界の広く限りないことを「海」にたとえている。「真如の月……」は、真如は真実如常の略で、ありのままの、不変の真理を指す。その真理が、月が地上の闇を照らして明るくするように、人々の迷いを除き明るくしてくれるはずなのだが、その真理の月がとどまってくれない、という意味である。

「六道の街」は、六道は前述のとおりの六つの世界だが、「ちまた」は分岐点・辻の意味で、どちらに往くか人が迷う場所を意味している。「四生の扉」は、四生は、四つの生命形態（哺乳類のような胎生《たいしょう》、鳥などの卵生《らんしょう》、ウジ虫のような湿ったところから生まれる湿生《しっしょう》、何も無いところから生まれる地獄の衆生などの化生《けしょう》）であり、その入口のことを指す（なお、宗門の「勤行式」では、「仏日」に「ぶつじつ」、「扉」を「とびら」の古語である「とぼそ」と振り仮名をふる）。

「芝蘭の契」とは、芝蘭は霊芝《れいし》（万年茸《まんねんたけ》）と蘭《らん》のこと、転じて「香りのよい草」さらに転じて「すぐれたもの」の意味となる。「芝蘭の契」は、よい影響を与えてくれる友人との親しい付き合いのことを指す。袂は、「手元《たもと》」から転じて「衣服の袖」の意味。「紅蓮・大紅蓮の氷」は、八寒地獄《はっかんじごく》（『往生要集』に出てくる八種類の極寒の地獄・氷の地獄）のなかの第七紅蓮地獄と第八大紅蓮地獄の氷のことで、寒さの責め苦のことを指す。「鴛鴦の衾」は、鴛鴦はオシドリの雄と雌のことで、いつも一緒にいて仲がいい夫婦を意味し、衾は寝具のことを指す。

「焦熱・大焦熱の炎」は、八寒地獄に対比される八熱地獄のなかの第六焦熱地獄と第七大焦熱地獄の烈しく燃えさかる火のこと。「三界苦輪の里」は、前述の三界のなかで、苦しみが輪廻《りんね》してやまない俗世間のことを指している。「九品蓮台の都」とは、『観無量寿経』に書かれてある生前の功徳によって異なる九段階の往生（九品往生）の場合、段階によって迎えられる蓮華の台が異なる（九品蓮台）ので、その蓮台のある都、つまり浄土のこと。「娑婆」は、我々の生きている俗世間のことを指す。

「無為の境界」とは、「無為」は、因縁によって作られたものではなく、常住絶対の真理、悟りのこと、「境界」は、世界の意味、すなわち「悟りの世界」を意味する。「等閑」とは、ぼんやり、いいかげんなこと。いいかげんに暮らしていては悟りの世界には入れないという意味である。「強縁」は、力強い因縁、縁故の意味。「いそぎはげまずしては」は、いそいで念仏を称えなくては、という意味。「信楽」は、仏法を信じて喜ぶことを意味する。

ざっと私訳してみる。

「春が過ぎて秋が来るというように、月日はどんどん経ってゆくが、迷いの世界から離れるのは大切なことだ。花を愛し、月をながめても迷いの心は起こる。悪い行いを山のごとく積み重ねていて、雲のごとくわきあがる欲望は厚くなって、仏の日輪の光は見ることもできなくなっている。

海のようにひろがるこの欲望の世間には、常に無常の風がはげしく吹き、悟りの月は、とどまってはくれない。生まれてから苦しみを重ね、死ぬときにあたって、あの世への暗い道をたどってゆく。六道の辻のところで、道を見失い、四生の入口に入って虫けらの世界にまぎれこむこともある。生きる、死ぬを転々と繰り返しているかのようで、これは、夢なのか現実なのか。

現実なのだと言われても、人の命などあっという間に消えて焼かれて空に煙がたちのぼるだけで、誰もおぼえていてくれない。人生は夢幻だと言われても、親や恋人など自分の愛する人との別れがつらかったことを思いだしてしまい、ハラワタを断ち切るかのようにつらくて、夢だ、幻だとも思えない。

一生の友だ、と誓った友だちが亡くなって、その遺体の袖口についた八寒地獄の責め苦の氷は、涙ながらに遺体を焼いても溶けないのだ。オシドリのごとく仲むつまじかった夫婦が亡くなり、その遺体が横たわっている寝具を目の前にしてどれほど涙を流したところで、その男女を苦しめた愛欲の炎は消えることはないだろう。

むなしく嘆かず、人も迷い、自分も迷うよりも、早くこの俗世間から離れて浄土に往《ゆ》く方がよい。だが、この俗世間はなかなか離れにくいし、いいかげんなことではあの世にいけない。たまたま、弥陀の本願の力強いご縁にあったのだから、いちはやく念仏を称えなければ、いつ救われるというのか。本願を頼む念仏（他力の念仏）は不思議なことばである。世に超えたすぐれた本願は、普通の人が迷いの世界から離れることのできる大切な方法である。我が身を忘れて信じて声にまかせて念仏を称えなさい。

南無阿弥陀仏」。

六　となふれば仏もわれもなかりけり――偈頌和歌

宝満寺《ほうまんじ》にて、由良《ゆら》の法燈国師《ほっとうこくし》に参禅し給《たま》ひけるに、国師、念起即覚《ねんきそっかく》の話を挙《こ》せられければ、上人かく読《よみ》て呈《てい》したまひ《い》ける。

となふ《う》れば仏もわれもなかりけり南無阿弥陀仏の声ばかりして

国師、此歌《このうた》を聞《きき》て「未徹在《みてつざい》」とのたまひ《い》ければ、上人またかくよみて呈し給ひ《い》けるに、国師、手巾薬籠《しゅきんやくろう》を附属して印可《いんか》の信を表したまふ《う》となん。

となふ《う》れば仏もわれもなかりけり南無阿弥陀仏なむあみだ仏

「宝満寺（摂津武庫《せっつむこ》、現・兵庫県神戸市長田《ながた》区にあったとされる寺）において、紀州由良の法燈国師（一二〇七―九八、心地房無本覚心《しんちぼうむほんかくしん》。法燈は「はっとう」とも。臨済宗法燈派の祖。和歌山県由良町の西方寺《さいほうじ》（後の興国寺《こうこくじ》）の開山《かいさん》）のところで参禅された。そのとき国師は、「一念起これば、たちまち覚《さと》る」という命題を出して問われたので、次のように歌を詠んだ。名号をとなえれば、仏も自分もなく、ただ南無阿弥陀仏の声がするばかりだ。

すると、国師は「まだ徹底していない」と述べられたので、あらためて歌を詠まれたところ、国師は手拭《ぬぐ》いと薬箱とを与えられて、印可《いんが》（悟りを得たと認可する）のしるしとされたという。

名号を称えると、仏も自分もなくなってしまう。ただ南無阿弥陀仏、なむあみだ仏」。

さて、この話はよく知られていて、過去、あちこちで引用されてきた部分である。柳宗悦の『南無阿弥陀仏』では、最初の一句の「声ばかりして」ではなお声に執した跡があると評された。さらに柳は、「禅家法燈と、浄家一遍に何の差異があろう」と書いた。

現在入手しやすい大橋俊雄校注の岩波文庫版では特に何の指摘もされていない。だが、現在ではこれは、全くの虚構であることが明らかになっている。すべてネタ元は、江戸期の文献で、『一遍上人年譜略《ねんぷりやく》』『一遍上人行状《ぎょうじょう》』『播州問答領解抄《りょうげしょう》』などに、年代も場所もまちまちで出てくる。しかも、『語録』では、最初の宝暦版にはなく、明和版になって初めて出てくるものなのである。

一遍の歌とされる最初の歌は、宗門では、遊行六代一鎮《いっちん》（一二七七―一三五五）の作と認められている。宗門では、すでに橘俊道が、「一遍と覚心」（論文初出は一九八四年。橘俊道一九九〇）のなかで、「高声念仏」こそ時衆の念仏であるはずなのに、それを「未徹在」として否定することこそおかしい、とした。

かくして、橘は、「一遍覚心相見の物語は、黙照座禅《もくしょうざぜん》を最上とする禅宗の徒から、高声念仏の時宗に対する「からかい」「ひやかし」から生まれた「そら物語」である」と断じている。

その後、原田正俊（一九九八）が、この問題を詳細に論じているので紹介しておこう。原田正俊の論議を箇条書きでまとめておく。

① 五来重（『高野聖』）が主張する、『法燈行状』の底本作者が高野聖系だとの主張は誤りである。一遍参禅説話は、十五世紀半ばの禅僧によって付け加えられた「行実年譜《ぎょうじつねんぷ》抜書《ぬきがき》」プラスαの部分にある。

② 法燈派は、紀州の熊野信仰と結びついて根をおろした。遍歴の徒、遁世僧とのつながりがある。そのため、時衆の僧の往来も盛んだったので、覚心（法燈国師）のもとを訪れ参禅する者がいた可能性はある。前述の自然居士のような禅宗系の勧進聖もおり、遊行の徒である禅僧と時衆とが混在して接触する機会は多かった。また一遍自身が、法燈国師（無本覚心）のことを知っていたことは事実である。

③ 「当麻」「誓願寺」のような謡曲、『洛陽誓願寺縁起』などに一鎮の作とされる歌が一遍の歌として語られている事実がある。この和歌は、室町期には一遍と深く結びついた歌として知られていた。

④　時衆四条派の浄阿に、無本覚心のもとでの参禅説話がある。これは四条派によって、七条派や遊行寺との争いのなかで、時衆内での正統性や優位性を誇示するために作られた感が強い。この四条道場では、京都五山（臨済宗の天龍寺・相国寺・建仁寺・東福寺・万寿寺）の禅僧との交流が深かった。幕府将軍・足利義政の思想には、禅と浄土教の二側面があり、禅僧の間に禅浄一致論が流行していた。

⑤　室町期には「禁裏ニハ悉以念仏也。善導・一遍等影共被レ懸レ之（朝廷ではことごとく念仏をもちいている。善導や一遍らの肖像画が懸けられている）」（『大乗院寺社雑事記』文明十年（一四七八））と書かれたように、公家社会にも圧倒的に念仏の影響力が大きかった。そのために、禅宗の浸透を図るべく、五山禅宗の優位を示す参禅説話を形成する必要があったのである。

七　門人伝説

ここから『語録巻下』に入る。「門人伝説」と銘打って、一遍のさまざまな問答を集めたところである。『播州法語集』から集められた言葉が多い。適宜省略して文を引く。最初は、『語録下二』。

三心といふは名号なり——『語録下二』

又云《のたまわく》、「三心《さんじん》といふ《う》は名号なり。この故に「至心信楽欲生我国《ししんしんぎょうよくしょうがこく》」を「称我名号《しょうがみょうごう》」と釈《しゃく》せり。故に称名する外《ほか》に全く三心はなきものなり」。

「三心というのはほかでもない、名号のことである。だから『無量寿経』の「真心こめて信じて阿弥陀仏の浄土に往生を願う」というのは、「阿弥陀仏の名を称える」ことだと善導は解釈している。だから南無阿弥陀仏と称えると、そこに三心がこめられているので、ほかには三心はないのだ」。

さてこの法語の何が問題なのかを説明しよう。

すでに述べたように、『観無量寿経』によれば、浄土へ往生する者は、至誠心《しじょうしん》・深心《じんしん》・廻《え》向発願心《こうほつがんしん》の三心をそなえて念仏しなければならないとされた。中国浄土教の善導は、往生を願う者はすべてこの三心をそなえなければならない、と論じた。

法然は、三心について、「至心とは至誠心、信楽とは深心、欲生我国とは廻向発願心」(『観経釈』)だとして第十八願と結びつけた。また親鸞の場合でも、念仏行よりも信を重んじる立場をとっている。

「親鸞にとって、三心は如来の一心であった。如来を通して、この一心に出会うのであった。しかし一遍においては、三心は如来成就の名号であった。如来の一心はすべて名号にこめられており、いわば名号は一心そのものなのであった」(竹村牧男一九九九)。

一遍は、如来の一心は名号にあるとする。「三心は名号なり」とし、三心は身も心も投げ捨てて念仏することと以外にないと述べたのである(「然《しか》れば至誠心・深心の二心は、衆生の身心《しんじん》の二つをすて丶、他力の名号に帰する姿なり。回《え》向心《こうしん》とは、自《じ》力我執《りきがしゅう》の時の諸善《しょぜん》と名号所具《しょぐ》(名号に具《そな》わっている)の諸善と一味《いちみ》和合《わごう》するとき、能帰《のうき》所帰《しょき》一体(帰依《きえ》する衆生と帰依される阿弥陀仏の一体化)と成《なり》て、南無阿弥陀仏とあらはる丶なり。(中略)然れば三心とは身心《しんじん》を捨《すて》て念仏申《もう》すより外《ほか》に別の子細《しさい》なし」『語録下三』)。

今の名号は能所一体の法なり――『語録下七』

又云《のたまわく》、「「自《じ》身現是《しんげんぜ》罪悪生死凡夫《ざいあくしょうじぼんぶ》乃至《ないし》無《む》有《う》出離之《しゅつりし》縁《えん》（『語録下六』にも引かれているが、そこから凡夫の後の「曠劫以来常没常流転《こうごういらいじょうもつじょうるてん》」が省略されている。自身は現にこれ罪悪生死の凡夫、ないし出離の縁あることなし）」と信じて、他力に帰する時、種々《しゅじゅ》の生死はとゞまるなり。いづ《ず》れの教《おしえ》にも、この位《くらい》に入《いり》て生死《しょうじ》を解脱《げだつ》するなり。今の名号は能所一体《のうしょいったい》（能は能動＝仏への帰依、所は所動＝帰依される阿弥陀、それが一体化する）の法なり」。

「善導の『観経疏《かんぎょうしょ》』の「散善義《さんぜんぎ》」の一節にあるように、「自分はまさに罪悪にまみれてどう生きるか死ぬかに迷うダメな人間で、遠い昔から生死の世界を流転して、この呪縛から逃れる機会を逸しているものである」と思い知って、他力の教えに帰依する時に、生死は車の輪のようにぐるぐると廻ることをやめてしまうのである。どのような教えでも、万事任せてしまうという境地に入ってこそ、生死の迷いからさめるものなのだ。ただいま一心不乱になって名号を称えることは、称えている私と私が身をまかせている阿弥陀如来とが一体化してしまう教えなのである」。

このように言い切ってしまうのが一遍だが、これに対して親鸞は、

「真実の信心はかならず名号を具す。名号はかならずしも願力の信心を具せざるなり」(『教行信証』「信巻」)と言う。ただやみくもに念仏しても信心はそなわらないのだが、真の信心があればそこには念仏がある。竹村牧男(一九九九)は、その点について、きわめて適切な解説を示している。

「(前略)したがってある見方をすれば、親鸞の浄土教でなお救われなかった人々を、一遍は考えているのだといえるだろう。

それは徹底して、信を問題にしないという仕方をとることになる。そのかわりに、すべてを名号そのものに帰するのである。(中略)親鸞はそこで、すべてを如来の心にあずける。あずけるとはいえ、そのことにおいて信心を確立するのであるから、いずれにしても、心の立場になるといえる。一方、一遍はここで名号にすべてをあずける。もはや心も信心も問わない。親鸞と一遍と、他力不思議によって救われることは、まったく変わらない。ただ、心か名号か、の差異のみである」。

なぜ、一遍にとっては、「名号」なのか。さらに『語録』の言葉をみてゆくことにしよう。

念仏が念仏を申なり――『語録下十六』

又云《のたまわく》、「我体《わがたい》を捨《すて》て南無阿弥陀仏と独一《どくいつ》なるを一心不乱《いっしんふらん》といふ《う》なり。されば、念々《ねんねん》の称名は念仏が念仏を申《もうす》なり。しかるをも、我《われ》よく意得《こころえ》、我よく念仏申《もうし》て往生せんとおもふ《う》は、自力我執《じりきがしゅう》がうしなへ《え》ざるなり。おそらくは、かくのごとき人は往生すべからず。念不念作意不作意《ねんふねんさいふさい》、惣《そう》じてわが分《ぶん》にいろは《わ》ず、唯一念仏《ゆいいつねんぶつ》に成《なる》を「一向専念《いっこうせんねん》」といふ《う》なり」。

「我が我がと、出しゃばってくる気持ちも前のめりになる身体も捨て去って南無阿弥陀仏と一体化する（独一は「ただ一人」の意だがここでは一体化の意）ことを「一心不乱（心を一つにして乱れず）」（『阿弥陀経』「一心不乱、其人臨命終時、阿弥陀仏与諸聖衆現在其前」）と言う。だから、一瞬一瞬（念々の）称名は、自分が念仏を称えているつもりなのだが、念仏がむこうからわき上がってくる。それを自分のほうが聞き入っているようで、まるで自分が称えているとは思えなくなってくる。

自分はうまいこと念仏が称えられるから往生できるなどと思っているひとは、自力に頼むひとで、自分への執着が強すぎる。おそらく、こんなひとは往生できまい。念仏を称える気持ちになろうがなるまいが、往生したいと思おうが思うまいが、すべて自分の身の程にこだわらずにただ念仏に成りきることを、「一向専念（もっぱら念仏をとなえる）」（『無量寿経』「発菩提心一向専念無量寿仏」）というのである」。（傍線部は、大橋俊雄校注本と金井清光の本では、「唯一念、仏に成る（ただ一念（ただ一回の念仏）により仏になる）」と読ませている。今井雅晴や高野修は、「唯一念仏」と読んでいて、私はこちらの解釈をとる）。

念仏では、阿弥陀仏の語りと「語るもの」の「私」とが一つとなる。私の「呼びかけ（南無阿弥陀仏）」は、相手に向かって私の身体を拡張させ、ひろがりをもつ。他者へのひろがりへの反応が私の声をさらに増幅させてゆくのだ。私の声は、私の身体を超えてひろがり、共鳴して私の声であることを超えてゆくのである。

私は、法要の法話の時に、お念仏を称えるときは、空を鏡だと思って、そこに地上のたくさんの人々が往生を願って合掌して祈っている姿が映し出されているのを思い浮かべてください、と話す。その祈りの輪のなかに自分も含まれ、祈っているうちに反響が起こり、自分の祈りなのか、ほかの人の祈りの声なのか定かではなくなる。「念仏が念仏を申す」のである。

自力他力は初門の事なり――『語録下十八』

又云《のたまわく》、「世の人おもへ《え》らく、自力他力を分別《ふんべつ》してわが体《たい》を有《もた》せて、われ他力にすがりて往生すべしと、云々《うんぬん》。此義《このぎ》しからず。自力他力は初門《しょもん》の事なり。自他の位《くらい》を打《うち》捨《す》て唯一念仏になるを他力とはいふ《う》なり」。

「世間の人々は、自力と他力とを別々に区別して、自分の我執《がしゅう》（自己保身、利己心）にとらわれた姿勢はそのままで、阿弥陀仏の他力にすがって往生したいなどと言う。こういう理屈は正しくない。自力、他力を区別して議論するのは、仏の教えに入った初歩のころにこだわるような事柄なのだ。自力だとか他力だとかといった理屈を捨てて、ただ一つの念仏になりきる（唯一念仏）ことを他力というのである」。

自力とは何だろうか。

簡単に言えば、人間の意識の働きにすぎない。自己意識（こころ）は、周囲の世界を自分勝手に「このようなものだ」と決めつけて考えており、その周囲の世界から反映される自己の位置づけ（社会的地位など）に固執する。したがって自己閉鎖的であり、表面的には他人にやさしい姿勢をみせていても、本質的に無条件に他者を受け入れようとはしない。外の世界を受け入れて認めようとはしないし（異人排除）、自己を超える「無限（アミータ・阿弥陀）」も信じない。人為《じんい》を超える自然すら科学技術で操作できると信じている。

自己保身ばかりしているくせに、誰でも救われるなら、俺も念仏に頼ってもいいよなあ、などと考えている輩は、考え方が間違っているのだ。そもそも自力、他力などという区別をするほうが自己意識（こころ）にとらわれている証拠だ。

自分が罪深い存在だから、阿弥陀仏という絶対の真理に頼ろうというのは、初歩の初歩だ。自力と他力の世界がまるで別々にあるように思い込んでいるが、そのような明確な区分があると思い込んでいることこそ、自力にとらわれていることになる。『語録下二十五』には、「凡夫《ぼんぶ》のこゝろには決定《けつじょう》なし（普通のひとには往生の確信などあるはずがない）。決定は名号なり。（中略）是故《このゆえ》に往生は心によらず、名号によりて往生するなり」とある。

自己の心（自己意識）の迷妄を捨てて、ためらわずに飛び込め。ただひたすらに念仏を称えよ。

称名の外に見仏を求べからず——『語録下三十五』

又云《のたまわく》、「称名の外《ほか》に見仏《けんぶつ》を求《もとむ》べからず。名号すなは《わ》ち真実の見仏なり。肉眼をもて見るところの仏は真仏にあらず。もし我等当時の眼《まなこ》に仏を見ば魔《ま》なりとしるべし。但《ただ》し、夢にみるには実なる事も有《ある》べし。夢は六識《ろくしき》を亡《ぼう》じて無分別《むふんべつ》の位《くらい》にみる故なり。是《この》ゆへ《え》に釈には「夢定《むじょう》」といへ《え》り」。

「称名念仏以外に見仏（仏の姿、光明《こうみょう》、あるいは浄土の荘厳《しょうごん》の様子をまのあたりに見る）ということを求めてはいけない。南無阿弥陀仏という名号がそのまま真の見仏なのである。肉眼で見たと人が言う仏は、本当の仏ではない。ただいま現在の私どもの眼で仏を見たというのなら、それは「魔」だと思うべきである。

ただし、夢で仏を見るのなら、本当のこともあるだろう。夢は、われわれの六つの感覚（眼識、耳識、鼻識、舌識、身識、意識）を消し去って分別を離れた状態になるからである。それゆえに、善導の『観経疏《かんぎょうしょ》』の「定善義《じょうぜんぎ》」に「諸々《もろもろ》の行者《ぎょうじゃ》若《も》しは想念の中に若《も》しは夢定の中に仏を見る」と「夢定」という言葉も出てくるのである」。

一遍は、「紫雲《しうん》たなびく」とか「天空の音楽」とか「菩薩来迎《ぼさつらいごう》を見た」というような奇《き》瑞《ずい》をことごとく否定したことで知られる。『一遍聖絵』中で、藤沢の片瀬で周囲の人々が「紫雲がたなびいた、花がふりそそいだ」と騒ぐ場面がある。このとき、「花の事は花にとへ、紫雲の事は紫雲にとへ、一遍しらず」と述べたというエピソードが有名である（『語録下百二』にもある）。だから、自分の眼で仏を見た、などというのは、妄想という魔物にとりつかれているのだと言う。

ただし、夢のなかではありうると述べるのは、古来、仏教では霊夢の物語が多いからである。法然では、「二祖対面の霊感」と言われる、霊夢での善導との対面のエピソードが知られている（「身半身ハ肉身、スナハチ僧形也。身ヨリシモ半ハ金色ナリ。仏身ノコトク也」。「法然上人御夢想記」『昭和新修法然上人全集』）。親鸞の夢告については前述したとおりである。また、法然を非難した華厳宗の明恵《みょうえ》が、二十五歳から五十八歳まで見た夢を記した『夢記《ゆめのき》』が有名である。

我等は下根の者なれば、一切を捨ずば――『語録下四十四』

又云《のたまわく》、「念仏の機に三品《さんぼん》あり。上根《じょうこん》は、妻子を帯《たい》し家に在《あり》ながら、著《じゃく》せずして往生す。中根《ちゅうこん》は、妻子をすつるといへ《え》ども、住処《じゅうしょ》と衣食《えじき》とを帯し、著せずして往生す。下根《げこん》は万事《ばんじ》を捨離《しゃり》して、往生す。我等は下根の者なれば、一切を捨《すて》ずば、定《さだめ》て[1]臨終に諸事に著して、往生をし[2]損ずべきものなりと想《う》ふ故に、かくのごとく行ずるなり。[3]よく〳〵心に思量すべし」。

（この文と『播州法語集』掲載の文とでは、語句に七ヶ所の違いがある。傍線部1は、『時宗宗典』では「定（ん）て」だが、藤原正校注岩波版によりここでは「定（め）て」に変えた。傍線部2は宝暦版にはない。傍線部3は、『播州法語集』にはない。）

「念仏をする人には、三段階がある。上の段階にある者は、妻子をもち、家に住みながらも執着をはなれて往生をとげる。中ほどの者は、妻子は捨てるが、衣食住はふつうのままで、執着をはなれて往生をとげる。一番下の者は、一切を捨てて往生する。私は、一番下の者だから、一切を捨てないと、臨終のときになっていろいろ迷い執着して往生しそこなうと思うからこのようにしている。よくよくこのことを考えてほしい」。

この一遍の立場は、『無量寿経』にある三輩《さんぱい》（上輩は出家して世俗を捨てる者、中輩は出家せずに悟りを求める心をおこし、善をおさめる者、下輩は悟りをもとめる心はおこすが念ずるだけの者）を逆転した考え方で、普通に生活していて無欲で世俗事にまったく執着しないことを最高位にあるものとする考え方である。

日本では、僧の妻帯は禁止されていたが、十世紀頃からは、上皇が出家後（法皇）に子どもをもうけたため、官僧の妻帯が黙認された。そのため僧侶（法印能円）の孫とも言われる皇子が天皇となる事態も生じた（土御門《つちみかど》天皇。『歴代天皇年号事典』）。

鎌倉期には、綱紀粛正をはかる禅律僧による戒律厳守の運動が起こり、厳格化された。江戸時代には親鸞以来妻帯を認める浄土真宗以外は禁止された。明治維新後、明治五年（一八七二）に僧侶の肉食妻帯が自由となり、妻帯が常態化した。そこで、浄土真宗本願寺派の僧で宗教学者の釈徹宗《しやくてつしゆう》（二〇一一）は、一遍の提示した「世俗のただなかで戒律にとらわれない宗教者」を最上位に位置づける視点は、現代の日本仏教（明治以後の「半僧半俗」が常態化している）が避けては通れないポイントだと論じている。

有心は生死の道、無心は涅槃の域なり――『語録下六十』

又云《のたまわく》、「有《う》心《しん》は生死《しょうじ》の道、無心は涅槃《ねはん》の域なり。生死をはなる丶といふ《う》は心をはなる丶をいふ《う》なり。しかれば浄土をば「無《む》心領納自然知《しんりょうのうじねんち》（無心に領納して、自然に知る）」ともいひ《い》、「未藉思量一念功《みしゃくしりょういちねんこう》（いまだ思量一念の功を藉《か》らず）」とも釈し、或は「無有分《むうふん》別心《べっしん》」（分別の心あることなし）ともいふ《う》なり。分別の念想《ねんそう》を《お》こりしより生死は有《ある》なり。されば「心は第一の怨《あだ》なり。人を縛《ばく》して閻羅《えんら》の所に到らしむ」と、云々《うんぬん》。

（「無心領納自然知」は、善導の『往生礼讃日中礼讃《おうじょうらいさんにっちゅうらいさん》』にある。「未藉思量一念功」は善導の『法《ほう》事《じ》讃《さん》下』にある。「無有分別心」は、世親の『往生論』の偈にある。「心は第一の怨なり。人を縛して閻羅の所に到らしむ」は、『正法念経《しょうぼうねんぎょう》』（『正法念処経《ねんじょきょう》』。東魏《とうぎ》の瞿曇般若流支《くどんはんにゃるし》訳）巻六にあり、源信の『往生要集』はこれを引用している。）

「心にとらわれているのは、「生き死に」に迷う道であり、心にとらわれないのが、悟りの境地（涅槃）なのである。生死の迷いから覚《さ》めるというのが、世俗的な分別の心（損得勘定やら自己保身）を離れることである。浄土について、善導は「極楽では人々は無心に教えを受け入れ、自然に悟る」とか、「あれこれ推測したり想像したりしないで自然に悟る」、さらに世親が言うように「あれこれ勝手に思い込んだり、想像したりすることがない」とも言われるのである。世俗の分別の心があるからこそ、生死について迷いが生ずるのだ。源信の『往生要集』に引いてある言葉のように「心は第一の敵なのだ。ひとを縛りあげて閻魔《えんま》大王《だいおう》のところに連れてゆく」のである」。

『語録上』（偈頌和歌）に、ある僧が「心こそ大事だ。外見はどうでもよい」と述べたときに詠んだ歌がある。

こゝろよりこゝろをえんと意得《こころえ》て心にまよふこゝろ成《なり》けり

（心とは何だろうか。自分の心のなかにこれがわが心だと思い込んだものを探し求めても、一体どこにそれがあるのかわからず迷ってしまう。心などというものは、実はそれがなんであるのか、だれにもわかりはしないものである。）

念仏の下地をつくる事なかれ――『語録下六十九』

又云《のたまわく》、「念仏の下地《したじ》をつくる事なかれ。摠《そう》じて行ずる風情《ふぜい》も往生せず、声の風情も往生せず、身の振舞《ふるまい》も往生せず、心の持ちようも往生せず。ただ南無阿弥陀仏が往生するなり」。

「念仏を称えるための下ごしらえとか、事前の準備とかそのようなものはいらない。励んでいる態度がいいとか、声がいいとか、体の動かし方がいいからといって往生できるわけでもないのである。常日頃の気持ちの持ち方でどうこうなるわけでもない。ただただ、南無阿弥陀仏を称えて往生するのである」（『語録下八十五』）に、熊野参籠《さんろう》のときの御示現《ごじげん》として「南無阿弥陀仏が往生するなり」が出てくる。梅谷繁樹は、この言葉自体は独創ではなく、西山派の証空にもあると指摘している）。

『語録下三十二』にも、「名号を念仏といふ《う》事、意地《いじ》の念を呼《よび》て念仏といふ《う》にあらず。たゞ名号の名なり。物の名に松ぞ竹ぞといふ《う》がごとし。を《お》のれなりの名なり」とある。

南無阿弥陀仏の名号のことをふつう「念仏」と言っているのだが、これは「仏を念ずる」という意味ではない。「念」は「意地＝心のはたらき＝意識（六識のなかの一つ）」の意味の「念」ではないのだ、とも強調する。念仏は、ただの名前であって、松だの竹だのといった名前と同じである。何の理屈もありはしないのだ。

高野修（『一遍上人語録』）によれば、一遍は、「念仏」という言葉よりも「名号」という言葉を多く使っている。「名号を称える」「南無阿弥陀仏と申す」などであり、「称名する」「唱念する」と言う場合でも、「称」や「唱」といった口で称えるほうを強調する。

さらに『語録下二十九』では、「名号に心をいるゝとも、こゝろに名号をいる（る）べからず」とも述べる。「名号に心を入れる」とは、我を忘れて（無我、無心）名号の世界のなかに入ることだが、「心に名号を入れる」とは、自分勝手にあれこれと名号を考えること、つまりは「観想念仏」のことを述べているのだろう。

『語録下七十九』の「名号には領《りよう》せらる（る）とも名号を領すべからず」とあるのも、同じことである。私の存在は、私の称える声と他者の声との共鳴のなかにあってこそ感じられる。私の声ではあれど、私の称える名号は私のものではない。名号の声の響きが、響きを呼び、「南無阿弥陀仏が往生する」のである。

まよひも一念なり、さとりも一念なり――『語録下七十三』

又云《のたまわく》、「まよひ《い》も一念なり、さとりも一念なり。法性《ほっしょう》の都《みやこ》（浄土を指す）をまよひ《い》出《いで》しも一念の妄心なれば、翻《ひるがへ》すも又一念なり。然《しか》れば、一念に往生せずば、無量の念にも往生すべからず。故に「一声称念罪皆除《いっしょうしょうねんざいかいじょ》（一声称念すれば罪みな除く）」ともいひ《い》、「一念称得弥陀《いちねんしょうとくみだ》号至《ごうし》彼《ひ》還同法性身《げんどうほっしょうしん》（ひとたび念じて弥陀の号をとなえうれば、かしこに至りて、還って法性身に同ぜん）」とも釈するなり。たゞ南無阿弥陀仏がすなは《わ》ち生死を離《はなれ》たるものを、これをとなへ《え》ながら往生せばや〳〵とおもひ《い》居たるは、飯《いい》をくひ《い》〳〵ひだるさやむる薬やあるとおもへ《え》るがごとし」と。

「迷いも一念であり、悟りも一念である。不変の真理の都たる浄土から迷い出てしまったのも、一瞬の迷いの心のなせるわざであり、その迷いをひるがえすのも一瞬の心のはたらきなのである。だから、この今、この瞬間の念仏で往生しないのならば、後でどれだけ念仏を称えたところで往生できるはずもない。

だから、善導も『般舟讃《ばんじゆうさん》』のなかで「一声念仏すれば、迷いの罪はみな取り除かれる」と言っているし、また法照《ほつしよう》も『五会念仏略法事讃末《ごえねんぶつりやくほうじさんまつ》』のなかで、「阿弥陀仏の名号を一声称えれば、浄土に往生して再びもとの究極の存在（法性身）に同化するのである」と言っている。

南無阿弥陀仏を称えることが生死の迷いから離れることであるのに、称えながら往生しなくちゃいけない、しなくちゃと思い込んでいるのは、ご飯を食べながら、「ひだるさ（饑《ひだる》いこと、空腹）」がなくなる薬がないものか、と考えているようなものなのである」。

どれほど言っても、人は、我執から逃れられないもののようだ。せっかくこの一声に集中して称えればいいのだ、と言われても、信用できずにいる。それで、称えながら「往生したい、往生したい」と言いつのっているのは、まるでご飯を食べているのに、そのことを忘れて、腹が減ったからこの空腹感を癒してくれるような薬がないものか、と考えているのと同じだ。

名号は義によらず心によらざる法――『語録下八十三』

又或人《あるひと》、浄土門の流々《りゅうりゅう》の異議《いぎ》を尋申《たずねもうし》て「いづ《ず》れにか付候《つきそうろう》べき」と、云々。上人答云《こたえてのたまわく》、「異議のまち〳〵なる事は我執《がしゅう》の前の事なり。南無阿弥陀仏の名号には義なし。若《もし》義によりて往生する事ならば尤此尋《もっともこのたずね》は有《ある》べし。往生はまたく義によらず、名号によるなり。法師が勧《すすむ》る名号を信じたるは往生せじと心にはおもふ《う》とも、念仏だに申《もう》さば往生すべし。いかなるゑ《え》せ義を口にいふ《う》とも心におもふ《う》とも、名号は義によらず心によらざる法なれば、称すればかならず往生するぞと信じたるなり。たとへ《え》ば火を物につけんに、心にはなやきそとおもひ《い》、口になやきそといふ《う》とも、此詞《このことば》にもよらず念力《ねんりき》にもよらず、たゞ火のを《お》のれなりの徳として物をやくなり。水の物をぬらすもおなじ事なり。さのごとく名号も、を《お》のれなりと往生の功徳《くどく》をもちたれば、義にもよらず、心にもよらず、詞《ことば》にもよらず、となふ《う》れば往生するを、他力不思議《たりきふしぎ》の行《ぎょう》と信ずるなり」。

「ある人が、浄土門のさまざまな立場や考えについてたずねて、「どこの立場にもとづいたらいいのでしょうか」と聞いた。すると上人は、「念仏の解釈がいろいろ異なっているのは、それを主張する人が自分の考え方に固執しているからである。名号にはそのような解釈はいらない。もしある理念なりにもとづいて往生するというなら、そういう質問も意味はあるかもしれない。

だが、往生するのは解釈で決まるのではなく、名号によってなのだ。私が勧めた名号を信じたのでは往生できないと思い込んでいても、念仏さえすれば往生するのだ。どんな嘘くさい解釈を述べようが、思おうが、名号は解釈によらず、心によるものでもないから、念ずれば必ず往生するのだと私は信じている。

たとえば、火をつけて物を燃やそうとして、心のなかで燃えないでくれ、と思い、「燃えないで」と口に出して言ったところで、思いやら言葉など関係なく、自然現象なのだから物は燃える。水が物をぬらすのも同じことだ。解釈や心や言葉がどうであれ、念ずれば往生すると他力不思議の行を信じなさい」。

知りて知らざれ、還て愚痴なれ――『語録下八十七』

又云《のたまわく》、「伊予国《いよのくに》に仏阿弥陀仏といふ《う》尼ありき。習《い》ひもせぬ法門を自然《じねん》にいひ《い》しなり。常の持言《じごん》にいはく「知《しり》てしらざれ、還《かえり》て愚痴《ぐち》なれ」と。此意《このこころ》浄土の法門にかなへ《え》り」。

（傍線部は宝暦版にはない。）

「伊予の国（現・愛媛県）に仏阿弥陀仏という尼さんがいた。習ったこともないのに、仏の教えをあたりまえのように教えていた。常に言っていたことは、「知識を得てもいいが、得たらそれを捨てて、何も知らぬ愚か者の立場に身を置いて念仏しなさい」ということだった。まさに浄土門の教えにかなった言葉である」。

梅谷繁樹（二〇〇五）は、この尼は、松山の宝厳寺《ほうごんじ》（一遍生誕の地の寺。弟とされる仙阿《せんあ》が開山）の初期尼衆《にしゅう》で、一遍は直接この尼の持言を知っていたらしい、と言う。宝厳寺は、仙阿の後の住職が、珍一房《ちんいちぼう》という尼であったことが知られている。

このエピソードと前の「八十三」のエピソードとはつながっている。ちょうど親鸞の最晩年に至った「自然法爾《じねんほうに》」の世界とつながっているかのようにも思える。正嘉《しょうか》二年（一二五八）、親鸞八十六歳の口述「自然法爾消息《しょうそく》」には、以下のような言葉がある。

「他力には、義なきを義とす。（中略）行者の善《よ》からむとも、悪《あ》しからむとも思はぬを、自然《じねん》とは申すぞ、きゝて候。（中略）常に自然を沙汰《さた》せば、義なきを義とすといふことは、なほ義のあるになるべし」（平雅行二〇一二）。
あらゆるはからいを放棄するだけではなく、はからいを放棄することすら捨てようとするのが、自然法爾の世界である。一遍は、名号は、称えれば往生するという「自然の功徳」を備えているとまで言い切る。だから、理屈（義）ではない、ただ称えよ、と言うのだ。親鸞もまた「義なきを義とす」と言う。親鸞の最晩年の「はからいさえ捨てよ」という言葉と、「捨ててこそ」という「捨聖・一遍」の言葉が、ここでは共鳴しているかのように思われるのである。

法師のあとは、跡なきを跡とす――『語録下九十八』

又ある人問《といて》云《のたまわく》、「上人御臨終《ごりんじゅう》の後《のち》、御跡《おんあと》をばいかやう《よ》に御定《おんさだ》め候《そうろう》や」。上人答《こたえて》云《のたまわく》、「法師《ほうし》のあとは、跡なきを跡とす。跡をとゞむるとはいかなる事ぞ、われしらず。世間の人のあとゝは、これ財宝所領《ざいほうしょりょう》なり。著相《ちゃくそう》（執着の対象となる物）をもて跡とす。故にとがとなる。法師は財宝所領なし。著心《ちゃくしん》（執着する心）をはなる。今、法師が跡とは、一切衆生《いっさいしゅじょう》の念仏する処《ところ》これなり。南無阿弥陀仏」。

「ある人が、「上人が亡くなられた後は、御足跡をどのように残せばいいでしょう」と尋ねた。するとこれに答えて、「私の亡き後は、何も跡を残さないことをもって私の跡とする。だいたい跡を残すとはいかなることなのか、私は知らない。世間の人の跡というのは、財産とか領地だろう。このために争いが起こる。私には財産も領地もないので、何にも執着することはない。あえて言うならば、私の跡とは、どこでもすべての人々が念仏する場所のことである。南無阿弥陀仏」と述べられた」。

「法師が跡とは、一切衆生の念仏する処これなり」。

皆が祈っているところに私はいつでもいるのだ、という一遍流のメッセージとなっている。

さらに『語録下百八』に、最後の教えを聞きたいという人々に対する一遍の言葉が出てくる。

又御往生のまへ《え》、人々最後の法門《ほうもん》（仏の教え）承《うけたまわ》らんと申《もうし》ければ、上人云《のたまわく》、「三《さん》業《ごう》の外《ほか》の念仏に同ずといへ《え》ども、たゞ詞《ことば》ばかりにて義理をも意得《こころえ》ず、一念発心《ほっしん》もせぬ人どもの為（あなたがたの信心は、身・口・意《こころ》の三業の自力を離れた念仏だけが往生だと言葉ばかり言っていて意味もわからず一念発心もしないひとたちのためのもの）」とて、「他阿弥陀仏。南無阿弥陀仏はうれしきか」とのたまひ《い》ければ、他阿弥陀仏落涙《らくるい》し給《たまう》ふと云々《うんぬん》。

『一遍上人絵詞伝（縁起絵）』にあるこの場面を、真教が一遍から後継者とみなされたとするためのものだとする論者（大橋俊雄、今井雅晴ら）もいるが、うがちすぎではないだろうか。最初から一遍の遊行の苦難に従ってきた真教（他阿弥陀仏）の感極《きわ》まった思いが、返答ではなく、自然に涙をうんだと考えるべきだろう。

あとがき

『一日一訓』（仏教伝道協会編）というカレンダーに、かつて「捨ててこそ」という一遍上人の言葉が用いられたことがある。その際、英訳が「let it go」となっていた。ディズニーのアニメ映画『アナと雪の女王』（二〇一三年）の主題歌の一節「let it go」は、「ありのままで」（高橋知伽江訳）と訳されているが、英語本来の意味は「そのままにする、（やることはやったからそれ以上無理をしないで）あきらめる、解き放つ」である。

『一日一訓』でなぜこの訳語が用いられたのかはわからないが、「捨ててこそ」は、「ありのままで」でも「そのままにする、あきらめる、解き放つ」でもなく、本書で述べたようにもっと積極的な意思をこめたことばである。

さて、実質的に時衆（時宗）教団を結成した二祖真教上人が入寂されてから再来年で七百年となる。そのため、時宗では、再来年に二祖上人の御遠忌《ごおんき》の行事が実施されることになっている。そのため、私も属する時宗教学研究所では、いくつかの記念事業が行われることになっており、宗門からは『時宗辞典』や『時宗入門』などの刊行が予定されている。また高野修、長澤昌幸両氏の編集する『時宗年表』が、平凡社から来年にも刊行される予定である。望月華山編『時衆年表』（角川書店、一九七〇年）から五十八年ぶりに新しい年表が出版されることになった。

新旧年表の五十年ちかい間に、時衆（時宗）研究は盛んにはなったが、まだまだ一般の方々に広く浸透しているとは言いがたい。前著は、著者としては望外の多くの方々に読んでいただき、さまざまな感想を頂戴した。その際に、時衆（時宗）の通史を希望する読者がおられることを知り、拙い学識と筆力ではあるものの、挑戦してみようと考えた。時衆（時宗）の前史としての浄土宗史にまで手を伸ばしてしまい、多くの仏教史や仏教思想研究の碩学を前にして、冷や汗を流す羽目となるだろう。いささか筆をすべらせた部分もあるかと思い、諸学兄の御叱責をたまわる覚悟である。

昨年夏の初めの頃から準備しはじめて、今年の三月末に脱稿した。この本が、私の著書としては二十三冊目となる。来年三月で三十七年間勤務した大学を退職することに決めたので、現役大学教員としての締めくくりの著作ということになる。

本書をまとめるにあたっては、時宗教学研究所所長でもある称念寺住職・高尾察誠氏からは、『一遍上人語録』の宝暦・文化・明和の三つの版の写真を御提供いただいた（四章の扉に掲載）。さらに顧問の高野修氏には、いつもながらさまざまな御教示をいただいた。両氏に深く感謝の言葉を述べたい。なお、本書の見解は、前著同様にあくまで私個人の見解である。さらに、文中ではすべて敬称を略させていただいた。また一～三章の扉の写真は、私が四月初めに撮影したものである。

また前著に続き、編集を担当された平凡社の保科孝夫氏にもさまざまなご指摘をいただいた。記して感謝したい。

南無阿弥陀仏《なむあみだぶ》

二〇一七年六月

桜井哲夫

参考文献一覧

阿部征寛「四条道場（金蓮寺）と浄阿上人真観」、橘俊道・圭室文雄編『庶民信仰の源流――時宗と遊行聖』、名著出版、一九八二年
網野善彦『日本中世に何が起きたか』、日本エディタースクール出版部、一九九七年
石井公成『聖徳太子――実像と伝説の間』、春秋社、二〇一六年
石田善人『一遍と時衆』、法蔵館、一九九六年
石塚勝「『二十五億一千七百廿四人』考」、『時宗教学年報』四四輯、二〇一六年
伊藤正敏『日本の中世寺院』、吉川弘文館、二〇〇〇年
井上光貞『新訂日本浄土教成立史の研究』、山川出版社、一九七五年
井原今朝男『史実　中世仏教』第2巻、興山舎、二〇一三年
今井雅晴『時宗成立史の研究』、吉川弘文館、一九八一年
今井雅晴『中世社会と時宗の研究』、吉川弘文館、一九八五年
今井雅晴『捨聖一遍』、吉川弘文館、一九九九年
今井雅晴『恵信尼――親鸞とともに歩んだ六十年』、法蔵館、二〇一三年
今村仁司『親鸞と学的精神』、岩波書店、二〇〇九年
梅谷繁樹『捨聖・一遍上人』、講談社現代新書、一九九五年

梅谷繁樹『一遍の語録をよむ』、日本放送出版協会、二〇〇五年
梅谷繁樹「遊行派と時宗十二派」『清浄光寺史』、清浄光寺、二〇〇七年
梅谷繁樹「西山義と一遍義、そして俊鳳上人のこと、さらに西田哲学」『時宗教学年報』三六輯、二〇〇八年
塩谷菊美『語られた親鸞』、法蔵館、二〇一一年
大塚紀弘「重源集団の不断念仏と「時衆」」『寺社と民衆』(民衆宗教史研究会)六輯、二〇一〇年
大隅和雄『信心の世界、遁世者の心(日本の中世2)』、中央公論新社、二〇〇二年
大隅和雄「聖の宗教活動」『中世仏教の思想と社会』、名著刊行会、二〇〇五年
大橋俊雄編著『時衆過去帳(時衆史料第一)』、時宗教学研究所、一九六四年
大橋俊雄『一遍と時宗教団』、教育社歴史新書、一九七八年
大山誠一『〈聖徳太子〉の誕生』、吉川弘文館、一九九九年
大山誠一編『聖徳太子の真実』、平凡社、二〇〇三年
小野澤眞『中世時衆史の研究』、八木書店、二〇一二年
梯信暁『浄土教思想史』、法蔵館、二〇一二年
筧雅博『蒙古襲来と徳政令(日本の歴史10)』、講談社、二〇〇一年
笠原一男『真宗における異端の系譜』、東京大学出版会、一九六二年
勝田至『日本中世の墓と葬送』、吉川弘文館、二〇〇六年
勝田至編『日本葬制史』、吉川弘文館、二〇一二年
門屋温「神仏習合の形成」、末木文美士編『日本仏教の礎』、新アジア仏教史、佼成出版社、二〇一〇年

金井清光『時衆文芸と一遍法語』、東京美術、一九八七年
金井清光『中世の癩者と差別』、岩田書院、二〇〇三年
神田千里『一向一揆と真宗信仰』、吉川弘文館、一九九一年
菊地大樹『鎌倉仏教への道――実践と修学・信心の系譜』、講談社、二〇一一年
菊地勇次郎「西山義の成立」『源空とその門下』、法蔵館、一九八五年
菊地勇次郎『浄土信仰の展開』、勉誠出版、二〇一四年
クラウタウ、オリオン『近代日本思想としての仏教史学』、法蔵館、二〇一二年
クラウタウ、オリオン「近代日本の仏教学における〝仏教 Buddhism〟の語り方」、末木文美士ほか編『ブッダの変貌』、法蔵館、二〇一四年
黒田俊雄『日本中世の国家と宗教』、岩波書店、一九七五年
斉藤隆信「民衆仏教の系譜」、沖本克己編『興隆・発展する仏教　新アジア仏教史07　中国II隋唐』第四章、佼成出版社、二〇一〇年
桜井哲夫『フーコー　知と権力』、講談社、一九九六年
桜井哲夫『今村仁司の社会哲学・入門』、講談社、二〇一一年
桜井哲夫『一遍と時衆の謎』、平凡社新書、二〇一四年
桜井好朗『神々の変貌――社寺縁起の世界から』、ちくま学芸文庫、二〇〇〇年
佐々木正『親鸞始記――隠された真実を読み解く』、筑摩書房、一九九七年
佐々木正『法然と親鸞』、青土社、二〇〇三年
定方晟『須弥山と極楽』、講談社、一九七三年

佐藤弘夫『鎌倉仏教』、ちくま学芸文庫、二〇一四年
清水善三「日本の肖像画と長楽寺の時宗彫刻」『長楽寺千年』全三冊、長楽寺、一九八二年
下坂守「中世「四条河原」再考」『奈良史学』（奈良大学史学会）三三号、二〇一六年
下田正弘「浄土思想の理解に向けて」、高崎直道監修『仏と浄土──大乗仏典Ⅱ』、春秋社、二〇一三年
釈徹宗『法然親鸞一遍』、新潮新書、二〇一一年
末木文美士『日本仏教史』、新潮社、一九九二年
末木文美士『鎌倉仏教形成論』、法藏館、一九九八年
末木文美士『浄土思想論』、春秋社、二〇一三年a
末木文美士「阿弥陀仏浄土の誕生」、高崎直道監修『仏と浄土──大乗仏典Ⅱ』、春秋社、二〇一三年b
末木文美士『草木成仏の思想』、サンガ、二〇一五年
末木文美士『親鸞──主上臣下、法に背く』、ミネルヴァ書房、二〇一六年
鈴木大拙『浄土系思想論』、岩波文庫、二〇一六年
砂川博『中世遊行聖の図像学』、岩田書院、一九九九年
平雅行『日本中世の社会と仏教』、塙書房、一九九二年
平雅行『歴史のなかに見る親鸞』、法藏館、二〇一一年
高田陽介「時宗寺院の火葬場と三昧聖」『史論』（東京女子大学）六〇号、二〇〇七年
高野修『時宗教団史』、岩田書院、二〇〇三年／講談社学術文庫、二〇一七年
高野修「遊行寺と藤沢」『藤沢市史研究』四九号、藤沢市史編纂委員会、二〇一六年
竹村牧男『親鸞と一遍』、法藏館、一九九九年

橘俊道『時宗史論考』、法蔵館、一九七五年
橘俊道『一遍上人の念仏思想と時衆』、橘俊道先生遺稿集刊行会、一九九〇年
田村圓澄『法然』、吉川弘文館、一九五九年a
田村圓澄『日本仏教思想史研究　浄土教篇』、平楽寺書店、一九五九年b
田村芳朗「三種の浄土観」『日本仏教学会年報』四二号、一九七六年
多屋頼俊『和讃史概説』、法蔵館、初版一九三三年、再版一九六八年
坪井剛「鎌倉期における専修念仏集団の形成と展開」『史林』九八巻一号、二〇一五年
丁宗鐵『正座と日本人』、講談社、二〇〇九年
藤堂恭俊・牧田諦亮『浄土仏教の思想（四）曇鸞・道綽』、講談社、一九九五年
長澤昌幸「他阿真教の思想背景」『時宗教学年報』四五輯、時宗教学研究所、二〇一七年
中村薫『楊仁山の「日本浄土教」批判』、法蔵館、二〇一六年
西山深草『親鸞は源頼朝の甥』、白馬社、二〇一一年
祢宜田修善・高野修編『遊行・藤沢歴代上人史』、小松秀寺、一九八九年
袴谷憲昭『法然と明恵』、大蔵出版、一九九八年
橋川正『綜合日本仏教史』、目黒書店、一九三二年／復刻版・書肆心水、二〇一一年
林譲「南北朝期における京都の時衆の一動向」『日本歴史』四〇三号、一九八一年
林譲「黒衣の僧について」『小川信先生古稀記念論集　日本中世政治社会の研究』、続群書類従完成会、一九九一年
林譲「一遍の踊り念仏研究ノート」『時宗教学年報』二八輯、二〇〇〇年a

林譲「一遍の宗教覚書」、大隅和雄編『中世の仏教と社会』、吉川弘文館、二〇〇〇年b
林譲「『時衆』について」、大隅和雄編『仏法の文化史』、吉川弘文館、二〇〇三年
林譲「踊り念仏の開始と展開」、今井雅晴編『遊行の捨聖　一遍』、吉川弘文館、二〇〇四年
速水侑『日本仏教史　古代』、吉川弘文館、一九八六年
速水侑『源信』、吉川弘文館、一九八八年
原田正俊『日本中世の禅宗と社会』、吉川弘文館、一九九八年
平田諦善『改訂増補版時宗教学の研究』、山喜房仏書林、一九七七年
平林盛得『良源』、吉川弘文館、一九七六年
平林盛得『慶滋保胤と浄土思想』、吉川弘文館、二〇〇一年
普賢晃寿『日本浄土教思想史研究』、永田文昌堂、一九七二年
藤田宏達『原始浄土思想の研究』、岩波書店、一九七〇年
藤田宏達『浄土三部経の研究』、岩波書店、二〇〇七年
細川涼一「番場蓮華寺と一向俊聖」『中世寺院の風景』、新曜社、一九九七年
細川涼一編『三昧聖の研究』、碩文社、二〇〇一年
牧田諦亮『浄土仏教の思想（五）善導』、講談社、二〇〇〇年
コリーン・マクダネル&バーンハード・ラング『天国の歴史』、大熊昭信訳、大修館書店、一九九三年
増川宏一『遊芸師の誕生――碁打ち・将棋指しの中世史』、平凡社選書、一九八七年
町田宗鳳『法然――世紀末の革命者』、法蔵館、一九九七年
町田宗鳳『法然対明恵』、講談社、一九九八年

松岡心平『中世芸能講義』、講談社学術文庫、二〇一五年
松尾剛次『新版鎌倉新仏教の成立』、吉川弘文館、一九九八年
松尾剛次『親鸞再考』、日本放送出版協会、二〇一〇年a
松尾剛次『中世律宗と死の文化』、吉川弘文館、二〇一〇年b
松尾剛次『知られざる親鸞』、平凡社新書、二〇一二年
蓑輪顕量『日本仏教史』、春秋社、二〇一五年
宮崎円遵「初期真宗と時衆」『初期真宗の研究』、永田文昌堂、一九七一年
村井康彦・大山喬平編『長楽寺蔵七条道場金光寺文書の研究』、法蔵館、二〇一二年
毛利久「七条道場金光寺と仏師たち」、橘俊道・今井雅晴編『一遍上人と時宗』吉川弘文館、一九八四年
毛利久「俊乗房重源と仏師快慶」『仏師快慶論　増補版』、吉川弘文館、一九八七年
森博達『日本書紀の謎を解く――述作者は誰か』、中公新書、一九九九年
柳宗悦『南無阿弥陀仏　付心偈』、岩波文庫、一九八六年
山本勉『日本仏像史講義』、平凡社新書、二〇一五年
義江彰夫『神仏習合』、岩波新書、一九九六年
吉田一彦「垂迹思想の受容と展開」、速水侑編『日本社会における仏と神』、吉川弘文館、二〇〇六年
吉田一彦『仏教伝来の研究』、吉川弘文館、二〇一二年
綿抜豊昭『戦国武将と連歌師』、平凡社新書、二〇一四年
『一遍上人語録』、藤原正校注、岩波文庫、一九三四年

『原文対照 現代語訳 一遍上人語録』、高野修編著、岩田書院、二〇〇九年
『一遍読み解き事典』、長島・高野・砂川・岡本。長澤編著、柏書房、二〇一四年
『岩波イスラーム辞典』、大塚和夫ほか編、二〇〇二年
『岩波キリスト教辞典』、大貫隆ほか編、二〇〇二年
『寺院明細帳7』、時宗教学研究所編、時宗宗務所、二〇〇七年
『時宗辞典』、時宗教学研究所編、時宗宗務所教学部、一九八九年
『時宗年表』、望月華山編、角川書店、一九七〇年
『字通』、白川静著、平凡社、一九九六年
『縮刷版真宗聖典』、東本願寺出版、縮刷三版、一九八五年
『浄土三部経（上）』、中村元・早島鏡正・紀野一義訳註、岩波文庫、改訳版、一九九〇年
『浄土宗全書・続6』、宗書保存会編、浄土教報社、一九四一年
『昭和新修法然上人全集』、石井教道編、浄土宗務所、一九五五年
『選択本願念仏集』、『日本思想大系10 法然・一遍』、大橋俊雄編、岩波書店、一九七一年
『太平記（三）』、兵頭裕己校注、岩波文庫、二〇一五年
『定本 時宗宗典』上巻・下巻、時宗宗務所、一九七九年
『東書最新全訳古語辞典』、三角洋一・小町谷照彦編、東京書籍、二〇〇六年
『日本仏教史辞典』、今泉淑夫編、吉川弘文館、一九九九年
『法然上人絵伝』上・下、大橋俊雄校注、岩波文庫、二〇〇二年
『歴代天皇・年号事典』、米田雄介編、吉川弘文館、二〇〇三年

【著者】
桜井哲夫（さくらい てつお）
1949年足利生まれ。東京大学大学院社会学研究科博士課程修了。現在、東京経済大学コミュニケーション学部教授。専攻は近・現代社会史、社会思想史、現代社会論。主な著書に、『フーコー――知と権力』『〈自己責任〉とは何か』『社会主義の終焉』（以上、講談社）、『戦争の世紀』『「戦間期」の思想家たち』『占領下パリの思想家たち』『一遍と時衆の謎』（以上、平凡社新書）、『可能性としての「戦後」』（平凡社ライブラリー）などがある。

平凡社新書851

一遍 捨聖《すてひじり》の思想

発行日――2017年8月10日 初版第1刷

著者――桜井哲夫
発行者――下中美都
発行所――株式会社平凡社
東京都千代田区神田神保町3-29 〒101-0051
電話 東京（03）3230-6580［編集］
東京（03）3230-6573［営業］
振替 00180-0-29639
印刷・製本―株式会社東京印書館
装幀――菊地信義

ISBN978-4-582-85851-8
NDC分類番号188.69 新書判（17.2cm） 総ページ256
平凡社ホームページ http://www.heibonsha.co.jp/